改訂新版

一番やさしい！一番くわしい！

個人型確定拠出年金

iDeCo《イデコ》活用入門

竹川美奈子

ダイヤモンド社

はじめに

人生100年時代に向けてiDeCoを活用しよう！

本書はiDeCo（個人型確定拠出年金）について、わかりやすく解説した入門書です。確定拠出年金には「企業型」と「個人型」の2つがありますが、本書では個人型であるiDeCoに絞ってくわしく解説していきます。

iDeCoとは、ひと言でいえば、「節税しながら老後資金を準備できる制度」のこと。自分でお金をだして、預金や投資信託などで運用していき、60歳以降に運用してきたお金を受け取るしくみです。

国の法律で定められたれっきとした制度で、実はとても魅力のあるものなのです。というのも、運用益が非課税になるだけでなく、掛金を払ったときも、税金（所得税・住民税）が安くなるというオマケがついているからです。私たちが老後に向けてコツコツ資産をつくっていこうと考えたとき、ぜひとも活用したい制度です。

最近は徐々に認知度が上がってきましたが、それでもｉＤｅＣｏに加入している人は少数派です。加入対象者のうち、ｉＤｅＣｏを利用しているのは会社員で３・５％程度、自営業・フリーランスは約３％にすぎません。＊一番浸透しているのは公務員で、約10人に１人が利用しています。

これは本当にもったいない話です。公的年金不安からやみくもに節約に走ったり、金融機関で〝年金向け〟とすすめられる保険商品を購入したり、焦って株やＦＸ（外国為替証拠金取引）の短期取引で儲けようと考えたり――といったことをする前に、まずはこうした制度を知って活用してほしいと感じます。税制上の優遇がある制度というと、つみたてＮＩＳＡ（積み立て型の少額投資非課税制度）を思い浮かべる方も多いかもしれませんが、老後に向けた資産形成が目的であれば、多くの人はｉＤｅＣｏが第一候補になります。

＊2021年9月末現在、自営業は免除・猶予者、任意加入者を除きます。

ｉＤｅＣｏは２００１年からスタートした制度です。当初は「個人型確定拠出年金」とそのまま呼ばれていて、国民年金の第１号被保険者と勤務先に企業年金のない会社員だけが対象でした。第1号被保険者とは、自営業やフリーランスのほか、雇用されていても厚生年金に加入していないパートタイム労働者やアルバイトなども含まれます。16年にiDeCoという愛称がつけられ、17年1月からは60歳未満の「ほぼ」すべての現役世代が加入できるようになりました。ただ、企業型確定拠出年金（以下、企業型DC）加入者は制約があって、大部分の人は加入できていません。*

＊規約の変更などを行う必要があったため。

そこで、iDeCoはより多くの人が利用でき、長寿化やライフスタイルの多様化に対応した制度に進化します（図序―1）。改正点は、

・加入できる年齢がのびる（60歳未満↓65歳未

図序-1 **iDeCoが変わる！**

● **加入できる年齢がのびる**
（60歳未満➡65歳未満）……2022年5月1日から

● **受け取り方の選択肢が広がる**
（運用継続70歳➡75歳になるまで）……2022年4月1日から

● **企業型DC加入者が**
原則iDeCoに加入できるように……2022年10月1日から

満に)

- **受け取り方の選択肢が広がる(運用継続70歳→75歳になるまで)**
- **企業型DC加入者は原則iDeCoに加入できるようになる**

などです。中でも2021年3月末時点で約750万人いる企業型DC加入者がiDeCoにも同時に加入できるようになるのはインパクトが大きいですね。このほか、企業年金のある会社員は掛金の上限額なども変わります。くわしくは第1章で解説します。

しくみから活用法、金融機関選びまで丁寧に解説

さて、**本書はiDeCoの基本的なしくみからメリットや留意点、商品を選ぶポイントや活用法、金融機関の選び方までを網羅しています。**

「初歩の初歩から制度を理解したい」という人もいれば、「金融機関選びで迷っている」、あるいは「どのように活用したらよいか知りたい」という人もいるでしょう。第1章から順番に読み進めて知識を深めていくこともできますし、興味があることや知りたいことをまとめた章から読むこともできます。自分なりの使い方で、とことん活用し

ていただきたいと思います。

それでは、本書の中身について簡単にご紹介していきます。

まず、第1章「iDeCoってなに?」では、iDeCoのしくみについてわかりやすく解説します。iDeCoの加入を検討している方は、ぜひ第1章からお読みください。制度の概要や特徴、7つのタイプ(会社員か自営業か、専業主婦かなど)によって、掛金の上限額が異なるといった基本的なルールが理解できます。

また、加入可能年齢の拡大、受給開始時期の選択肢の拡大、企業型DC加入者のiDeCo加入要件の緩和といった変更点についても説明していますので、すでに加入している方にも参考になるはずです。

第2章「iDeCoの税制メリットを賢く使う!」では、税制上の優遇について解説します。iDeCoでは、「掛金を払うとき」「運用している間」「運用してきたお金を受け取るとき」のそれぞれの段階で、税制上の優遇措置があります。掛金を払うときの節税効果、運用している間の非課税の効果についてくわしくみていきます。

第3章「iDeCoをこう活用する」では、iDeCoの制度的な特徴を踏まえたうえで、商品をどう選択し、どう運用していけばよいかを考えていきます。iDeCoだけでなく、企業型DCに加入している方にとっても参考になるはずです。

第4章「金融機関はどう選べばいいの？」では、金融機関を選ぶときのポイントを解説します。iDeCoは1人ひとつしか口座を開設することができません。加入時にしっかりと選択したいものです。新たにiDeCoに加入する人はもちろん、「離職や転職で企業型DCからiDeCoに資産を移す必要がある」という方にも役立つ内容となっています。

第5章「運用してきたお金をどう受け取るか」では、受け取り（「給付」といいます）の方法について考えます。税制上の優遇はあるものの、積み上げてきた資産を受け取るときは原則課税です。そのため、受け取り方を検討するときはiDeCoだけでなく、退職一時金や他の企業年金などを併せて考えることが大切。トータルで受け取る金額は同じでも、受け取る順番や受け取り方しだいで、トクすることもあれば、逆に損することもあるからです。受け取り時のルールをしっかり押さえておきましょう。

そして、最後の第6章「iDeCoについてのQ&A」では、口座開設から取引まで、Q&A形式でiDeCoの疑問にお答えします。定期的にセミナーでお話をする機会がありますが、その中で多く寄せられる質問を盛り込みました。

とくに本書を手にとっていただきたいのは、「リタイア後に向けてコツコツ資産をつくっていきたい」という方たちです。例えば、

- **国から受け取る公的年金だけでは心もとない自営業やフリーランスの人**
- **会社に企業年金制度がない中小・ベンチャー企業にお勤めの人**
- **会社に企業年金はあるけれど、それほど手厚くないという会社員**

など、日本に住む、現役世代の多くの方です。

今回の改正の背景には60歳以降も働く人がふえていること、日本ですすむ長寿化などがあります。そうした状況に合わせて、私的年金（iDeCoや企業型DCなどの

企業年金）と、公的年金をセットで改革していこうというわけです。長く働いて加入期間が延びることで、公的年金やｉＤｅＣｏなど私的年金の受取額をふやすことができ、加入期間や受給開始時期の選択肢が広がることで自分の働き方やライフスタイルに応じた受け取り方、使い方ができます。

経済的な基盤を築き、充実した生活をおくるためにも、これからは**「自分のお金は、自分でマネジメントする」**という意識を持つことがますます必要な時代になります。本書がｉＤｅＣｏについて知りたい・活用したいという方にとって、少しでもお役に立てば幸いです。

【改訂新版】
一番やさしい！一番くわしい！
個人型確定拠出年金・iDeCo《イデコ》活用入門

目次

第1章

iDeCoってなに？

第2章 iDeCoの税制メリットを賢く使う！

第3章

ｉＤｅＣｏをこう活用する

第4章　金融機関はどう選べばいいの？

第5章

運用してきたお金をどう受け取るか

第6章

iDeCoについてのQ&A

本書は2016年10月に発売した『一番やさしい！ 一番くわしい！ 個人型確定拠出年金iDeCo《イデコ》活用入門』を、法改正に合わせて全面的に改訂したものです。

アイコン：Kiseleva Valerya／Shutterstock

第1章

iDeCoってなに?

老後を支えるのは3つのお金

iDeCo（個人型確定拠出年金）という制度についてご説明する前に、老後を支える（老後に受け取れる）お金について整理しておきます。大きくは3つの種類があります（図1－1）。老後に向けてお金を育てていくときも、最終的にどう受け取っていくかを考えるときも、この3つを包括的に考えることが大切です。

ひとつ目は国から受け取る「公的年金」です。日本では20歳以上60歳未満の人はすべて国民年金に加入することになっていて、老後に「老齢基礎年金」として受け取ることができます。会社員や公務員の人は厚生年金保険にも加入していて、その分も上乗せして「老齢厚生年金」を受け取ることができます。一定の金額を、生きている限りずっと継続的に受け取れるのが特徴です。

国民年金では加入者を3種類に分けています。まず第2号被保険者は会社員や公務員など、国民年金に加えて、厚生年金に加入している人たちです。会社員や公務員な

図1-1 「老後を支えるお金」は主に3つ

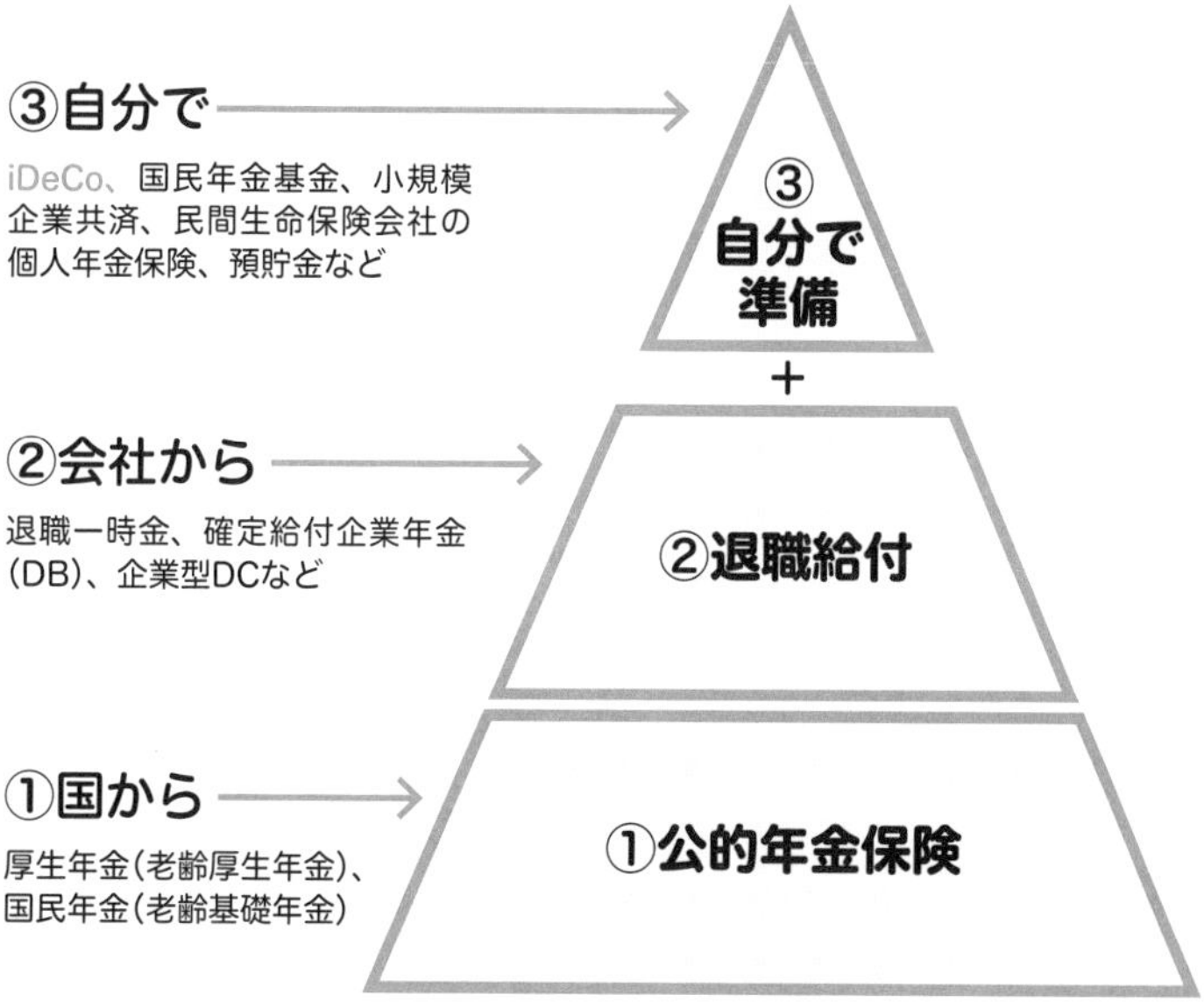

国民年金の加入者は3種類

	**第1号被保険者** 20歳以上60歳未満の自営業者とその家族、フリーランス、学生など
	**第2号被保険者** 会社員や公務員など厚生年金の加入者
	**第3号被保険者** 第2号被保険者に扶養されている20歳以上60歳未満の配偶者

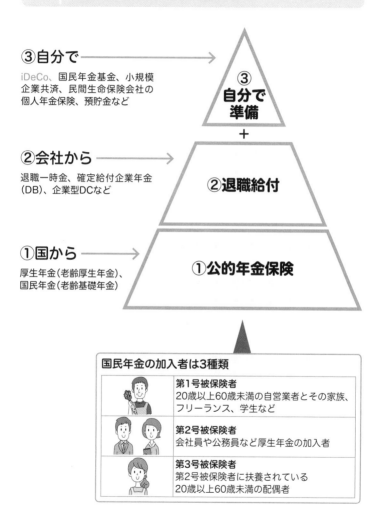

ど第2号に扶養されている配偶者（20歳以降60歳未満）が第3号被保険者になります。

そして、第2号、第3号以外の人はすべて第1号被保険者になります。例えば、自営業やフリーランスとその家族、学生のほか、雇用されていても厚生年金に加入していないパートタイム労働者やアルバイトなども含まれます。*

＊2016年から短時間労働者に対する、厚生年金保険・健康保険の適用拡大が段階的に行われています。

2つ目は会社から受け取る「退職給付」です。具体的には「退職一時金」や「企業年金」です。お給料の後払いといった性格のもので、個々の会社が独自に運営しています。

企業年金の代表例が、「確定給付企業年金」や「企業型確定拠出年金」です（図1－2）。ちなみに、確定拠出年金のことを英語では、「Defined Contribution Plan」と呼び、略して「DC」といいます。いちいち確定拠出年金と呼んでいると長いし、言いにくいので、本書では「企業型DC」とします。同様に、確定給付企業年金「Defined Benefit Plan」のことは、「DB」とします。

図1-2 確定給付企業年金(DB)と企業型確定拠出年金(DC)

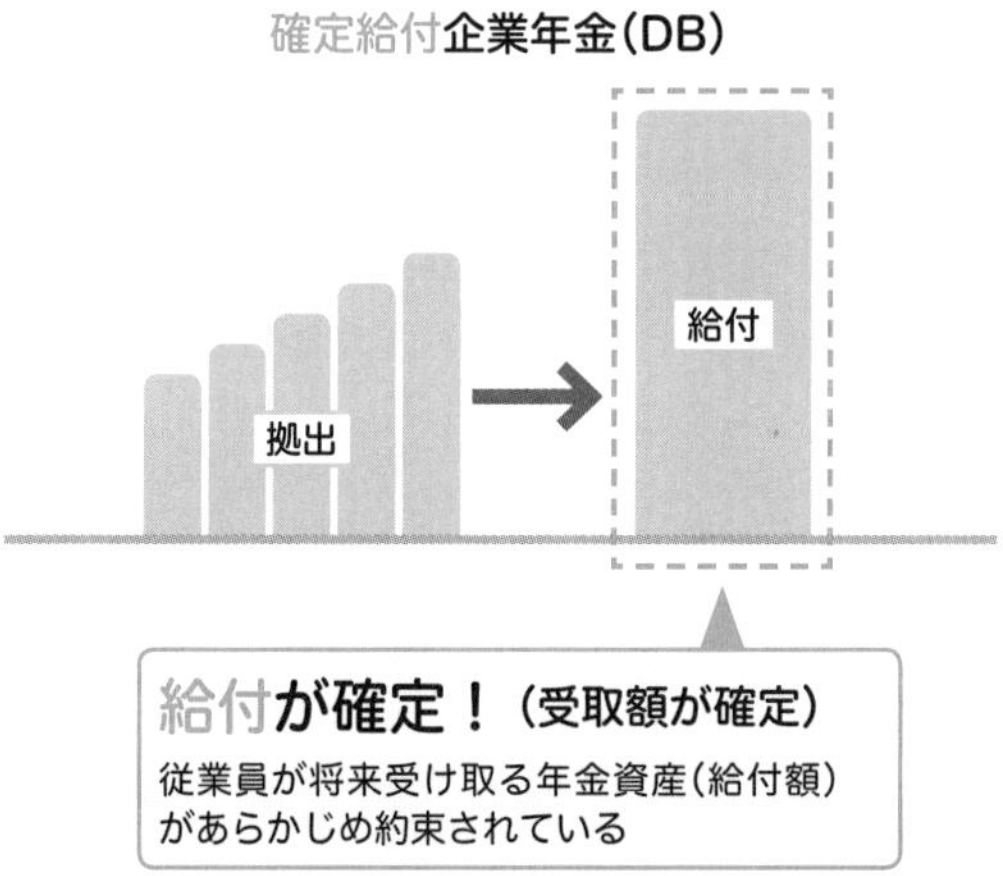
確定給付企業年金(DB)
拠出
給付
給付が確定！（受取額が確定）
従業員が将来受け取る年金資産(給付額)
があらかじめ約束されている

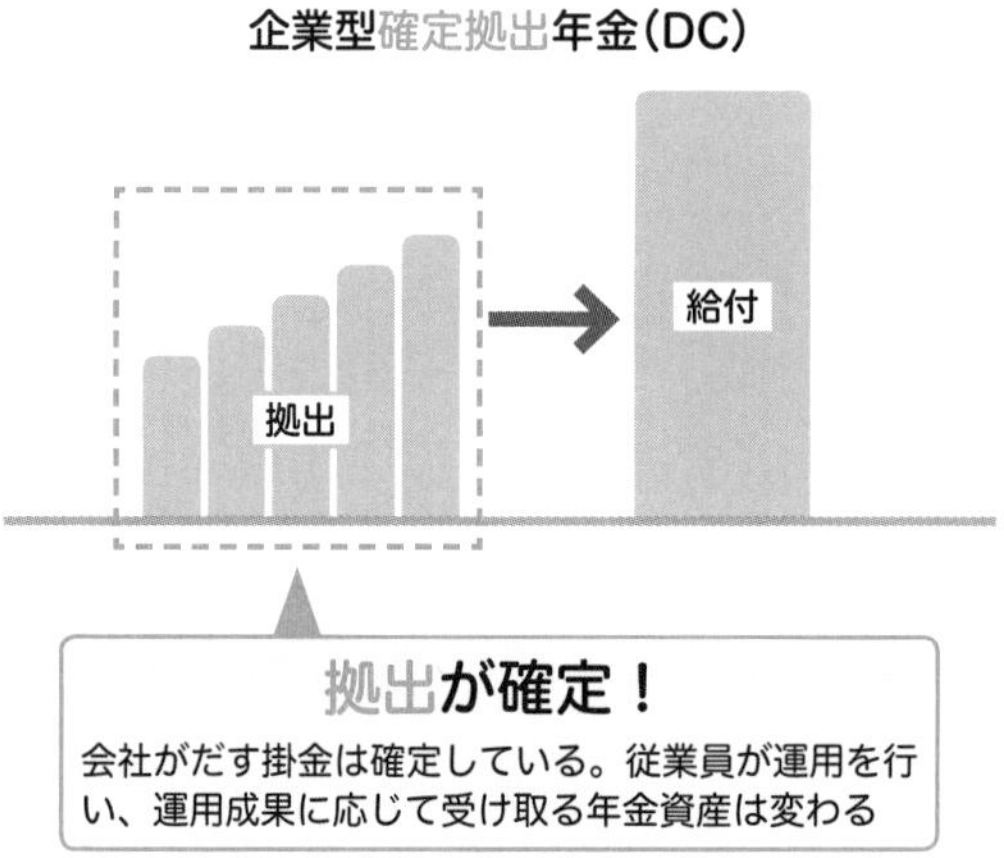
企業型確定拠出年金(DC)
拠出
給付
拠出が確定！
会社がだす掛金は確定している。従業員が運用を行
い、運用成果に応じて受け取る年金資産は変わる

ＤＢは、勤務期間や給与などに基づいて従業員が受け取る給付額があらかじめ約束されている企業年金制度のことです。会社が運用の責任を負い、運用結果が悪ければ、企業が不足分を穴埋めします。もっとも普及している制度です。

一方、企業型ＤＣは会社がだす掛金が確定しています。運用を行うのは加入者（従業員）で、その運用成果によって将来の年金資産が変わります。２００1年から新しい選択肢として導入されました。こちらは、会社が従業員の将来の退職金をつくっていく制度です。ですから、退職金の元になるお金は主に会社がだし、そのお金をどう運用していくかは社員が決めます。*

＊2012年1月から規約を変更すれば「マッチング拠出」といって、会社がだす掛金に加えて、従業員が自分で掛金を上乗せすることもできます。ただし、「従業員拠出額が事業主（会社）の拠出額を上回らないこと」「従業員拠出と事業主拠出の合計が拠出額の上限を上回らないこと」という条件があります。

そして、**3つ目が自分で準備するお金です**。こちらは、自分でお金をだして、貯蓄や投資などを通じ、リタイアに向けて資産をつくっていきます。23ページの図1－1の①国から受け取る公的年金が少ない自営業・フリーランスや、②会社から受け取る退職一時金や企業年金がそれほど多くない中小・ベンチャー企業などに勤める人は、とくに③を意識して準備する必要があります。

では、どのように③自分で準備するお金をつくっていけばよいでしょうか。その方法こそが、本書でご紹介するｉＤｅＣｏの活用です。

先ほど②会社から受け取るお金として、企業型ＤＣをご紹介しました。こちらは、会社が掛金を払い、従業員の将来の退職金をつくっていく制度でしたね。

一方、ｉＤｅＣｏは個人が利用する制度で③に入ります。利用したい人は自分で金融機関（運営管理機関といいます）を選んで加入し、原則、毎月掛金を払って、預金や投資信託などで運用をしながら将来受け取る年金をつくっていきます。まさに自助努力の制度ということになります。なお、一般に②と③の部分を合わせて「私的年金」と呼ばれます。

本書では、図１－１の③自分で準備するお金にあたるｉＤｅＣｏを中心にお話をすすめていきます。

iDeCoの流れ

図1－3では、ｉＤｅＣｏ加入から給付までの流れと基本用語をまとめています。すでに本書で使われていますが、将来の年金をつくるための、元になるお金のことを「掛金」、そのお金を払っていくことを「拠出」といいます。

そして、最終的に運用してきた資産を受け取ることを「給付」といいます。「拠出」や「給付」といった用語はｉＤｅＣｏのＷｅｂサイトやパンフレットにもよくでてきます。ｉＤｅＣｏや企業型ＤＣではこれらの用語の知識は必須ですし、本書にも繰り返しでてきますので、少しずつ慣れていってくださいね。

それでは、具体的にみていきましょう。

○加入する

ｉＤｅＣｏは自分で、金融機関（運営管理機関）を選んで、加入手続きを行います。

図1-3 **iDeCoの基本的な流れと基本用語**

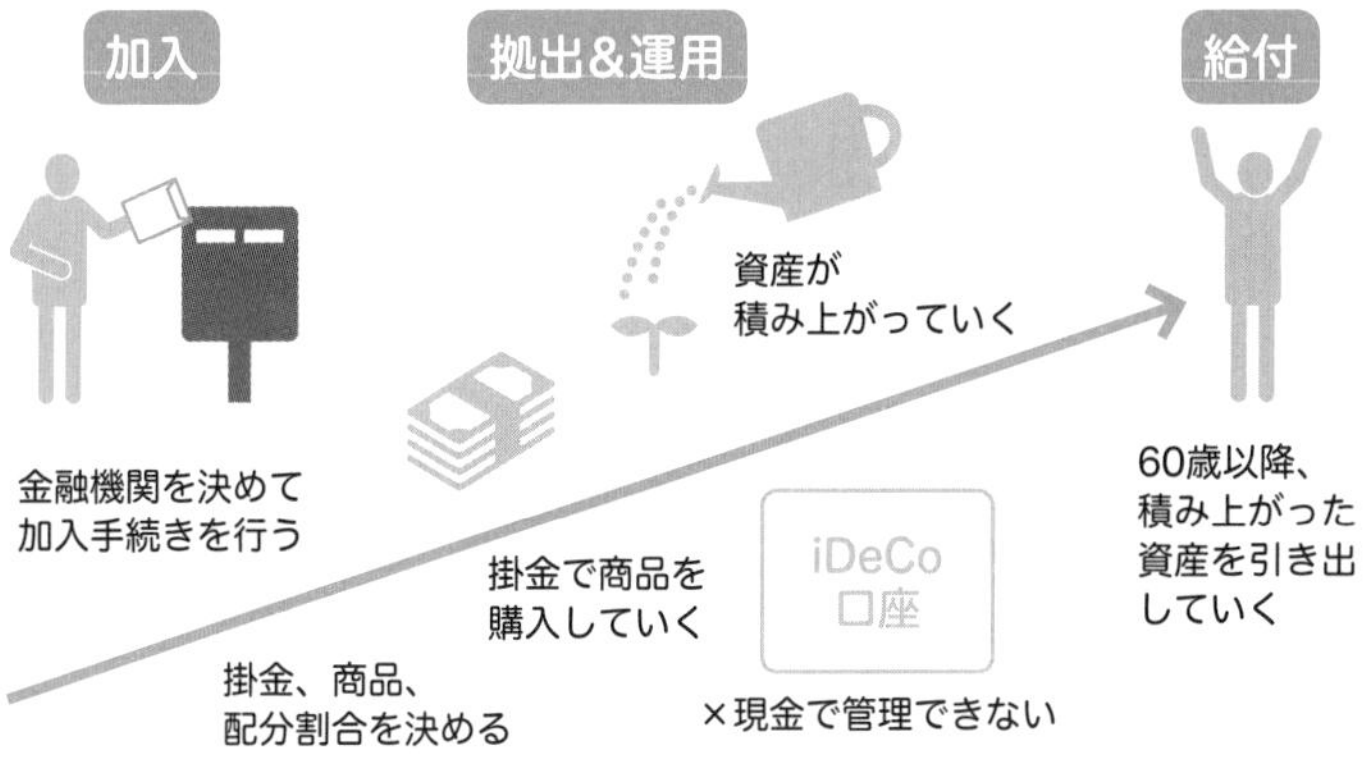
加入
拠出&運用
給付
資産が
積み上がっていく
金融機関を決めて
加入手続きを行う
60歳以降、
積み上がった
資産を引き出
していく
掛金で商品を
購入していく
iDeCo
口座
掛金、商品、
配分割合を決める
×現金で管理できない

基本用語

掛金	将来の年金をつくるための、元になるお金。iDeCoでは自分でだす
拠出	掛金を払うこと。最低額は月額5000円から（毎月払う場合）。上限額は属性などによって違う
給付	運用してきた資産を受け取ること
DC	確定拠出年金=自分で運用を行い、運用成果に応じて将来受け取る年金額が変わること。DCはDefined Contribution Planの略
DB	確定給付企業年金＝従業員が受け取る給付額があらかじめ約束されている企業年金制度のこと。DBはDefined Benefit Planの略
加入者	掛金を払って運用する人のこと。加入期間とは掛金を払える期間のこと
運用指図者	掛金は払わず、資産の運用だけ行う人のこと
事業主掛金	会社がだす掛金のこと
マッチング拠出	事業主掛金に加えて、加入者本人が掛金を払うこと

金融機関によって取り扱う商品やサービス、手数料などは異なります（金融機関を選ぶポイントについては、第4章をお読みください）。

拠出する（掛金を払う）

ｉＤｅＣｏに加入すると、毎月一定の掛金を銀行の預金口座から口座振替、または給与天引きで払っていきます。掛金は月額５０００円以上１０００円単位で金額を設定できます。上限額は属性などによって決まっているので、その範囲内で掛金額を決めましょう。上限額については、45ページ以降でお伝えします。

運用する

金融機関が取り扱う金融商品（預金、保険商品、投資信託）の中から、自分で商品と配分割合（どの商品を何パーセントずつ買うか）を決めて、運用していきます。ひとつの商品を選んでもいいですし、複数の商品に振り分けてもＯＫです。毎月払いの場合は、1年で12回、10年だと１２０回、20年だと２４０回にわたって商品を購入し、運用を続けていきます。資産はだんだん積み上がっていきます。

年に1回以上、「お取引状況のお知らせ」が届きます。また、加入者専用のWebページにログインすれば、いつでも運用状況を確認することができます。

給付（運用してきたお金を受け取る）

運用してきたお金は原則60歳以降に、一時金（一括）か年金で受け取ります。受け取る金額は運用成果に応じて変わります。60歳を過ぎても、引き続き70歳（2022年4月以降は75歳）になるまで運用を継続することが可能です。ただし、60歳（22年5月以降は65歳）*以降は新たな掛金を払うことはできません。

なお、掛金を払って運用する人を「加入者」というのに対して、掛金を払わずにこれまで積み上げてきた資産の運用だけ行う人を「運用指図者」と呼びます。

＊65歳までの加入は国民年金に加入していることが条件。

iDeCoに加入できる人は?

みなさん、まずは図1－4をみて、自分が①から⑦のどのタイプに当てはまるのかを確認してみましょう。iDeCoは属性や企業年金の有無などによって、加入できる期間や掛金の上限額などが異なるからです。会社員の方はこの機会に、勤務先の退職給付制度(退職一時金や企業年金)について調べておきましょう。

それぞれみていきます。自分が当てはまる部分だけお読みいただいても大丈夫です。

①国民年金の第1号被保険者

本書の冒頭でも触れましたが、国民年金の加入者第2号被保険者、第3号被保険者以外の人はすべて第1号被保険者になります。自営業とその家族、学生など、自分で国民年金保険料を負担する人のほか、雇用されていても厚生年金に加入していないパートタイム労働者やアルバイトなども含まれます。

iDeCoは公的年金に上乗せする年金という位置づけなので、iDeCoに加入

図1-4 あなたはどのタイプ？

<table>
<tr><th colspan="2">タイプ</th><th>こんな人</th></tr>
<tr><td colspan="2">① 国民年金第1号被保険者</td><td>自営業・フリーランスとその家族、学生。厚生年金に加入していないパートタイム労働者やアルバイトなど</td></tr>
<tr><td rowspan="5">国民年金第2号被保険者</td><td>② 会社員（企業年金なし）</td><td>勤務先に企業年金がない会社員</td></tr>
<tr><td>③ 会社員（企業型DCに加入）</td><td>勤務先で企業型DCに加入している会社員</td></tr>
<tr><td>④ 会社員（企業型DCとDBに加入）</td><td>勤務先で企業型DCと確定給付型の企業年金の両方に加入している会社員</td></tr>
<tr><td>⑤ 会社員（DBに加入）</td><td>勤務先で確定給付型の企業年金に加入している会社員</td></tr>
<tr><td>⑥ 公務員</td><td>国家公務員、地方公務員、私立学校教職員など</td></tr>
<tr><td colspan="2">⑦ 国民年金第3号被保険者</td><td>会社員や公務員など第2号に扶養されている配偶者</td></tr>
</table>

するには国民年金の保険料を納めていることが条件になります。国民年金保険料を滞納していたり、免除を受けていたりする人は利用できません。逆に国民年金保険料を納めていれば、20歳以上の学生や無職の人でもｉＤｅＣｏには加入できます。

ｉＤｅＣｏに加入したあとに、国民年金保険料を滞納したり、免除の申請をしたりした場合には掛金を受け取ってもらえずに加入者に返却され（還付といいます）、それに伴い手数料を支払わなくてはなりません。＊

＊還付手数料として一般に還付金から１４８８円が差し引かれます。すでに所得控除を受けている場合には確定申告の修正申告が必要。なお、障害基礎年金を受給中で、国民年金保険料を納付していない人はｉＤｅＣｏに加入できます。

国民年金というと、65歳から亡くなるまでずっと受け取れる老齢基礎年金を思い浮かべる人が多いのですが、それ以外にも、病気や事故で障害を負ったときに支給される「障害基礎年金」や、加入者が亡くなったときに遺族に支給される「遺族基礎年金」という機能も付いています。万一に備える保険として加入しておくと安心です。

会社員は企業年金の有無や種類によって４つのタイプに分かれます。

②会社員(企業年金なし)

確定給付企業年金(会社が拠出から運用、管理、給付までの責任を負う確定給付型の企業年金、DBともいう)や企業型DCといった企業年金制度がない会社に勤めている会社員をさします。中小・ベンチャー企業にお勤めの方などが多いかもしれません。タイプ②の人は全員iDeCoに加入できます。

中小企業退職金共済(中退共)は企業年金制度に含まれないため、公的年金に加え、中退共に加入している人も②になります。

③会社員(企業型DCに加入)

勤務先の企業年金が企業型DCのみという人は③になります。

・企業型DCとiDeCoの同時加入ができるように

企業型DCに加入している会社員がiDeCoに加入するには、勤務先の会社が企業型DCの規約でiDeCoに加入できることを定めたり、会社が支払う掛金(事業主掛金)の上限を引き下げたりする必要があり、大部分の企業型DCの加入者はiD eCoに加入できませんでした。これが変わります。2022年10月からは、企業型DCの規約の定めや会社の掛金の上限引き下げがなくても、原則誰でもiDeCoに加入できるようになります。

・マッチング拠出かiDeCo加入かを個人で選択可能に

事業主掛金に上乗せして、自分で掛金を上乗せする「マッチング拠出」（67ページの章末コラムを参照）を実施している企業に勤める会社員はiDeCoに加入できませんでしたが、こちらも変わります。2022年10月からは「企業型DCのマッチング拠出を利用するか」「iDeCoに加入するか」を自分で選択できるようになります。

・選択制DC加入者も同時加入が可能に

選択制DCとは、一般的な企業型DCのように会社が掛金（事業主掛金）をだすのではなく、自分の給与や賞与の一部をライフプラン手当等に振り替え、DCの掛金に充当する（＝その分、給与は減る）か、給与として受け取るかを従業員が決める制度のことをいいます（図1－5）。

選択制DCを実施している企業の従業員は選択制DCに加入しないことを条件にiDeCoに加入することができましたが、2022年10月以降は選択制DCとiDeCoの合計額が拠出限度額の範囲内であれば、両方加入できます。*

*給与を下げてDC掛金に回す選択型DCは社会保険料負担が減る一方、公的な保障、例えば、公的年金（障害、遺族、老齢年金）や傷病手当金などが減ることになります。2020年10月に確定拠出年金の法令解釈通知が改正・施行され、選択制DCを実施する事業主に対し「社会保険・雇用保険等の給付額にも影響する可能性を含めて、従業員に正確な説明を行う必要があること」とされました。

図1-5 企業型DCと選択制DCの違い

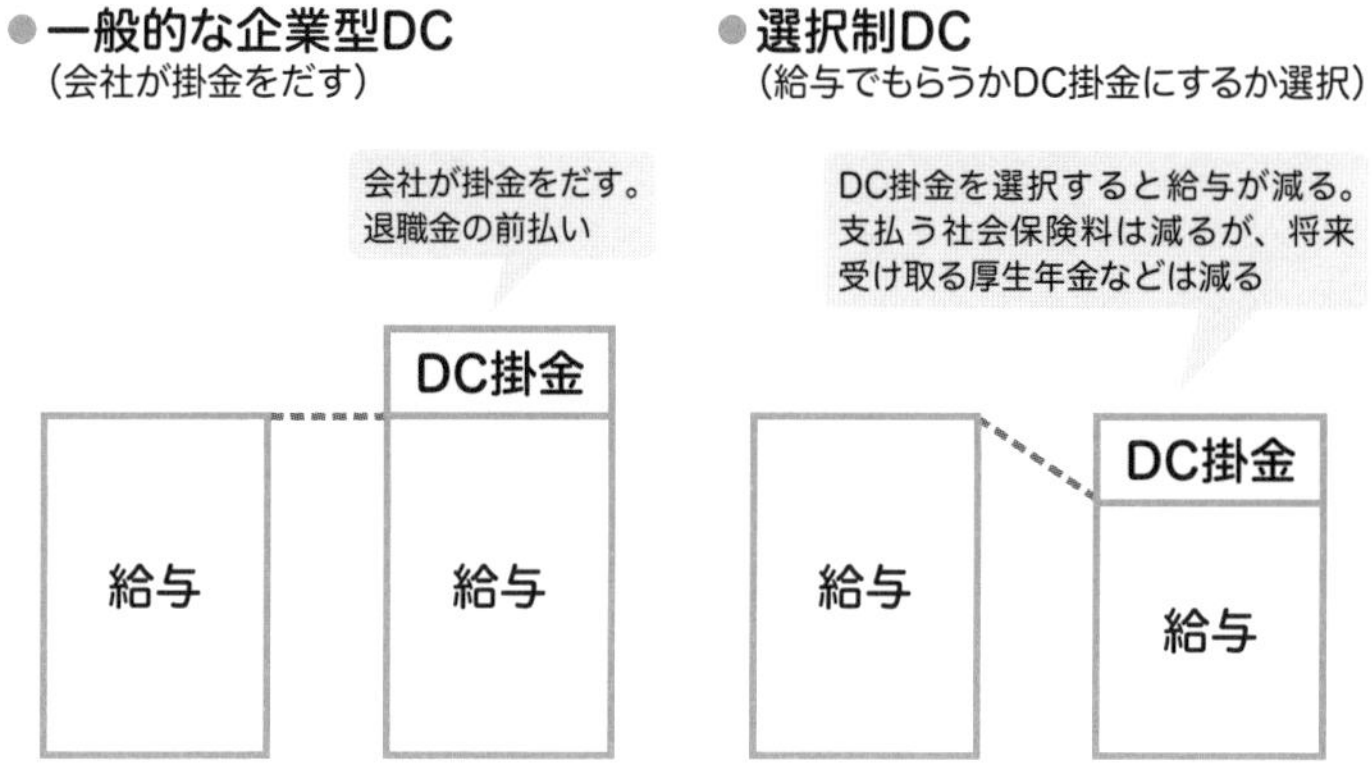
●一般的な企業型DC
（会社が掛金をだす）
会社が掛金をだす。
退職金の前払い
DC掛金
給与
給与
●選択制DC
（給与でもらうかDC掛金にするか選択）
DC掛金を選択すると給与が減る。
支払う社会保険料は減るが、将来
受け取る厚生年金などは減る
DC掛金
給与
給与

④会社員（企業型DCと確定給付企業年金＝DBに加入）

確定給付企業年金（会社が拠出から運用、管理、給付までの責任を負う確定給付型の企業年金＝DB）*と企業型DCの両方の企業年金制度がある会社に勤務している人をさします。

*存続厚生年金基金、石炭鉱業年金基金などに加入している人を含みます。

・企業型DCとiDeCoの同時加入ができるように

企業型DCに加入している会社員がiDeCoに加入するには、勤務先の会社が企業型DCの規約でiDeCoに加入できることを定めたり、会社が支払う掛金（事業主掛金といいます）の上限を引き下げたりする必要があり、大部分の企業型DCの加入者はiDeCoに加入できませんでした。これが変わります。2022年10月からは、企業型DCの規約の定めや会社の掛金の上限引き下げがなくても、原則誰でもiDeCoに加入できるようになります。

・マッチング拠出かｉＤｅＣｏ加入かを個人で選択可能に

事業主掛金に上乗せして、自分で掛金を上乗せする「マッチング拠出」を実施している企業に勤める会社員はｉＤｅＣｏに加入できませんでしたが、こちらも変わります。２０２２年10月からは「企業型ＤＣのマッチング拠出を利用するか」「ｉＤｅＣｏに加入するか」を自分で選択できるようになります。

③会社員（企業型ＤＣに加入）と④会社員（企業型ＤＣとＤＢに加入）について、２０２２年10月からの状況をまとめると図１－６のようになります。掛金の上限額については45ページ以降で改めてご説

図1-6 企業型DC加入者はiDeCoに加入できる？

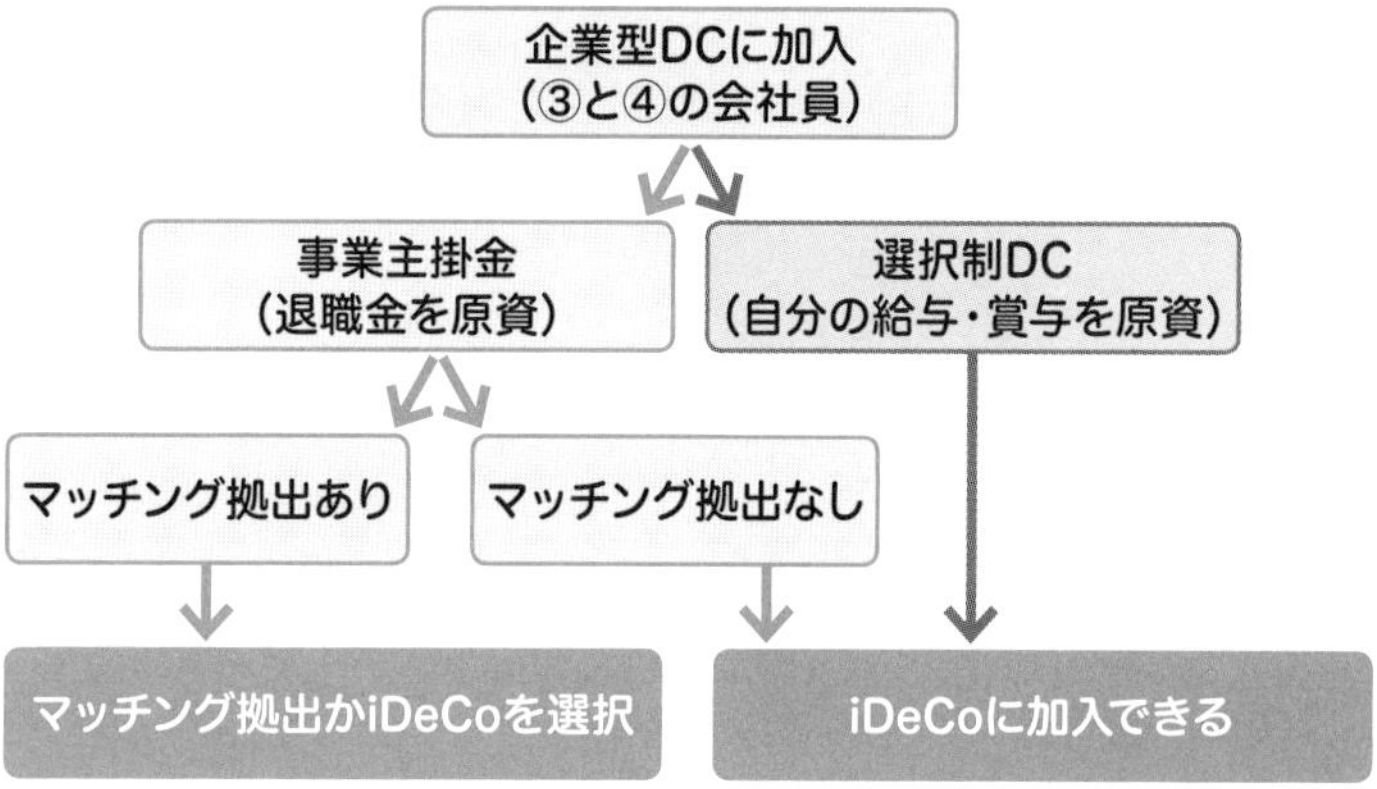

明します。マッチング拠出とiDeCoのどちらを選んだらよいかについては、章末コラム（67ページ）で解説しています。

⑤会社員（確定給付企業年金＝DBに加入）

勤務先の企業年金が確定給付企業年金（会社が拠出から運用、管理、給付までの責任を負う確定給付型の企業年金＝DB）*だけという人はiDeCoに加入できます。

*存続厚生年金基金、石炭鉱業年金基金などに加入している人を含みます。

⑥公務員

国家公務員、地方公務員、私立学校教職員の人をさします。原則、iDeCoに加入できます。

⑦国民年金の第3号被保険者

会社員や公務員など第2号に扶養されている配偶者をさします。対象者はすべてiDeCoに加入することができます。

iDeCoの加入可能年齢が拡大（2022年5月1日から）

iDeCoに加入できるのは、国民年金に加入している60歳未満の人でした。「加入できる」とは、掛金を払って商品を購入していけるという意味でしたね。これはタイプ①から⑦の人まですべてに共通です。

「はじめに」でも少し触れましたが、高齢でも働く人がふえたことを踏まえて、**2022年5月からiDeCoに加入できる年齢がのびて、60歳未満から65歳未満になります**（図1－7）。

ただし、65歳になるまで加入するには「国民年金に加入していること」が条件です。

会社員（タイプ②から⑤）と⑥公務員の人は60歳以降も厚生年金に加入して働くと、自動的に国民年金にも加入することになります。そのため、60歳以上65歳未満で厚生年金に加入している期間は継続してiDeCoに加入することができます。

図1-7 加入できる年齢がのびる(2022年5月~)

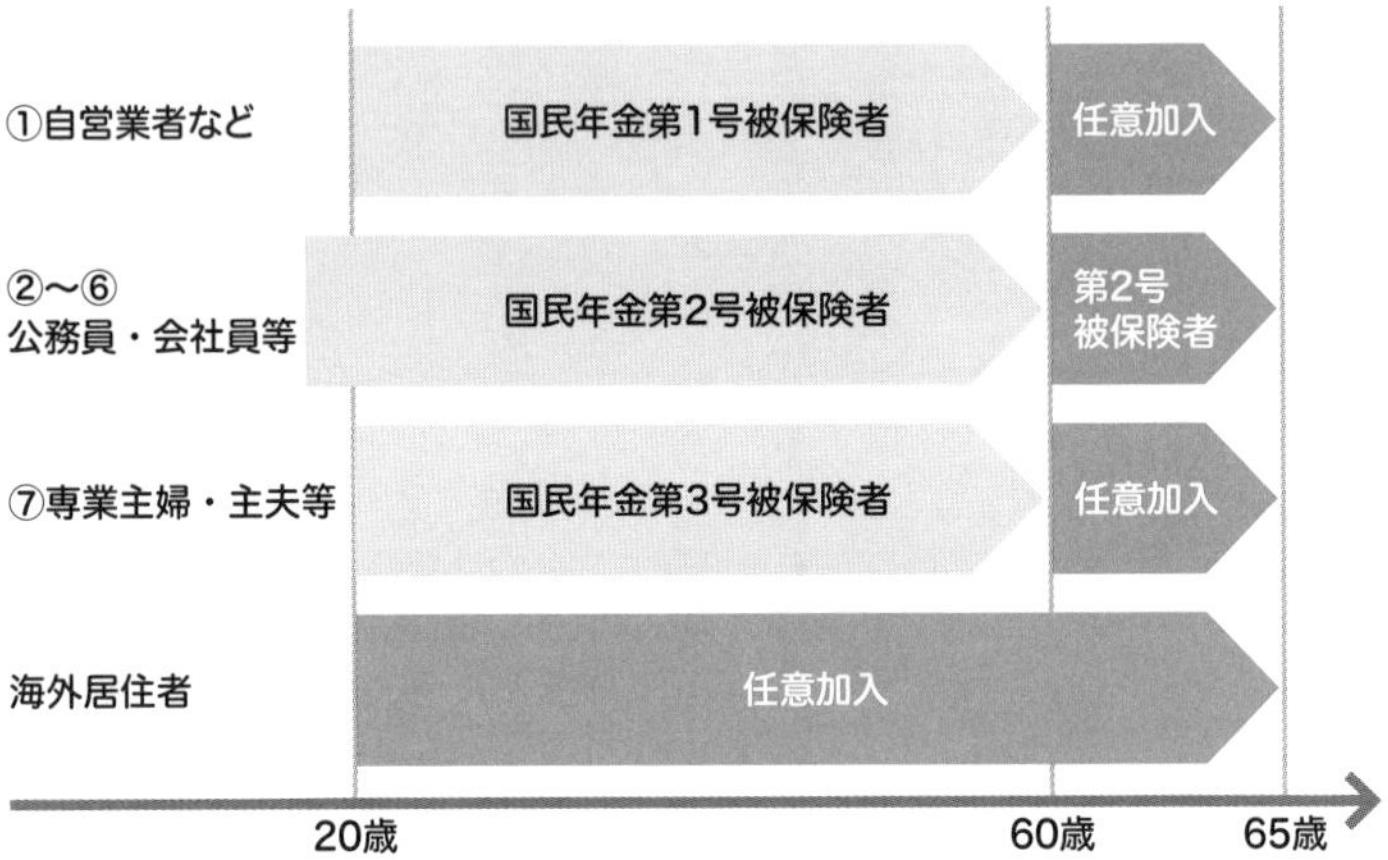

この機会に60歳以降の働き方を考え、継続雇用で働く場合には雇用条件(厚生年金保険や健康保険等の社会保険の有無など)や収入の見通しなどを確認することから始めましょう。

自営業・フリーランスなど国民年金の第1号被保険者や⑦第3号被保険者の人は60歳以降に国民年金に加入することはできないため、iDeCoに加入できるのは原則60歳までです。ただし、国民年金の未加入期間などがあり、国民年金保険料を満額納めていない、つまり40年(480カ月)加入していない場合には、60歳以降も加入期間が480カ月に達するまで国民年金に「任意加入」することができます。国民年金に任意加入している間はｉＤｅＣｏにも加入できます（金融機関〈運営管理機関〉に任意加入したことを届ける必要あり）。自分が該当するかどうかを調べてみましょう。

過去の国民年金の加入履歴については、日本年金機構のインターネットサービス「ねんきんネット」に登録すると確認できます。ねんきんネットについては２００ページをご参照ください。

また、これまで海外居住者はｉＤｅＣｏに加入できませんでしたが、国民年金に任意加入している20歳以上65歳未満の人はｉＤｅＣｏに加入できるようになります。

＊国民年金（基礎年金）の拠出期間を40年から45年とすれば、第1号被保険者はｉＤｅＣｏの加入可能期間も65歳まで引き上げられることになります。今後、5年に一度の年金改正で議論にのぼる可能性もあります。

加入期間の延長は厚生年金に加入して60代前半も働こうと考えている人や、60歳以降も国民年金に任意加入できる人にとってはメリットがあります（図1－8）。例えば、60歳以降もｉＤｅＣｏに加入することで、その分、掛金を多く払って運用することができます。また、働いて所得があれば、掛金は「全額所得控除」の対象になりますから、その年の所得税や翌年の住民税も軽減されます（くわしくは第2章でご説明します）。

図1-8　60歳以降も加入するメリット

②企業年金のない会社員が5年長く加入できると……

●掛金（運用するお金）がその分積み上がる
月2万3000円×12カ月×5年＝138万円

●所得控除の恩恵
（所得税率5%＋住民税10%）×5年で、
20万7000円の税の軽減効果

●一時金で受け取る場合
「退職所得控除額」（非課税枠）がふえる＊
・iDeCoの加入期間が20年以下
40万円×5年＝200万円
・iDeCoの加入期間が20年超
70万円×5年＝350万円

＊一定期間内に受け取る退職金などがあると枠を共有する（くわしくは第5章）

注意点もあります。

ｉＤｅＣｏの「老齢給付金」を受け取り始めると、ｉＤｅＣｏに再加入することはできません（企業型ＤＣの老齢給付金を受給している場合にはｉＤｅＣｏの加入は可能です）。

公的年金（老齢基礎年金または老齢厚生年金）を65歳よりも前に繰上げ受給している場合もｉＤｅＣｏには加入できません。

掛金はいくらまで払える？

次に、掛金についてみていきます。

ｉＤｅＣｏの掛金は月額５０００円以上１０００円単位で自由に決めることができます。最低金額はみんな同じですが、上限額は①から⑦のタイプによって異なります。なお、企業年金のある会社員（タイプ③から⑤の人）と⑥公務員は、ｉＤｅＣｏの掛金の上限額の考え方が変わりますので、しっかり確認してください。

①国民年金の第1号被保険者

月額６万８０００円（年額81万６０００円）まで掛金を払うことができます。自営業やフリーランスの人は、公的年金は国民年金（老齢基礎年金）だけで、企業年金もありません。そのため、自助努力にあたるｉＤｅＣｏについては会社員や公務員に比べて掛金の上限額が高く設定されています。ただし、国民年金基金に加入している場合は、国民年金基金の掛金と合わせて月額６万８０００円を超えない金額となります。

また、国民年金の付加年金を納めている人は月額の上限額が1000円下がります。

一方、小規模企業共済はiDeCoと同時に加入することができ、掛金も「別枠」としてそれぞれ上限まで掛けることができます（小規模企業共済の上限は月額7万円。くわしくは第2章の章末コラム〈91ページ〉を参照）。

なお、60歳以降、国民年金に任意加入する場合も、iDeCoの月額の上限額は6万8000円のままです。

②会社員（企業年金なし）

月額2万3000円（年額27万6000円）まで掛金を払うことができます。

③会社員（企業型DCに加入）

2022年10月から企業型DC加入者は原則誰でもiDeCoに加入できますが、企業型DCの事業主掛金とiDeCoの掛金の合計が一定額までという条件があります。

具体的には「月額5万5000円から事業主掛金を差し引いた金額」と「月額2万

円」とを比較して少ないほうの金額がｉＤｅＣｏの月額の掛金の上限になります（図１－９）。

つまり、事業主掛金が月額３万５０００円以内であれば、月額２万円まで拠出でき、事業主掛金が月額３万５０００円を超えるとｉＤｅＣｏの掛金の上限額は２万円よりも減っていきます。例えば、事業主掛金が月額４万円なら、５万５０００円から４万円を差し引いた１万５０００円がｉＤｅＣｏの月額の掛金の上限額になります。

これに伴い、22年10月以降、企業型ＤＣ加入者は、加入者向けのＷｅｂサイトで「自分は」ｉＤｅＣｏの掛金をいくらまで払えるのかを確認できるようになります。*

図1-9 ③会社員（企業型DCのみ）の掛金はいくらまで？

③会社員（企業型DCのみ）

5万5000円－事業主掛金 ≦ 2万円
（選択制DC掛金）

事業主掛金が3万5000円以内なら
掛金の上限額は2万円。
3万5000円を超えると
2万円から徐々に減っていく

＊掛金が月額5000円以上なので、事業主掛金が5万円超になると加入者ではいられなくなる

また、企業型DCの事業主掛金も、iDeCoの掛金も「月単位」で支払う必要があります。

＊企業型DCの記録関連運営管理機関（レコードキーパー＝RK）が事業主掛金の額をiDeCoの実施機関である国民年金基金連合会（国基連）に通知。国基連は事業主掛金の額を踏まえて、必要な場合にはiDeCo掛金の額を引き落とし時に調整。

④会社員（企業型DCとDBに加入）

2022年10月から企業型DC加入者は原則誰でもiDeCoに加入できますが、企業型DCの事業主掛金とiDeCoの掛金の合計が一定額までという条件があります。

勤務先に企業型DCとDBが両方ある

図1-10 **④会社員（企業型DC＋DB）の掛金はいくらまで？**

④会社員（企業型DC＋DB）

2万7500円－事業主掛金　≦　1万2000円
（選択制DC掛金）

事業主掛金が1万5500円以内なら
掛金の上限額は1万2000円。
1万5500円を超えると
1万2000円から徐々に減っていく

＊掛金が月額5000円以上なので、事業主掛金が2万2500円超になると加入者ではいられなくなる

場合には「月額2万7500円から事業主掛金を差し引いた金額」と「月額1万2000円」の低いほうの金額がiDeCoの月額掛金の上限になります（図1－10）。

つまり、事業主掛金が月額1万5500円以内であれば、月額1万2000円まで拠出でき、事業主掛金が月額1万5500円を超えるとiDeCoの掛金は月額1万2000円より少なくなっていきます。例えば、事業主掛金が月額2万円の場合、2万7500円から2万円を差し引いた7500円がiDeCoの月額の掛金の上限になります。

これに伴い、22年10月以降、加入者向けのWebサイトで「自分は」iDeCoの掛金をいくらまで払えるのかを確認できるようになります。また、企業型DCの事業主掛金も、iDeCoの掛金も「月単位」で支払う必要があります。

⑤会社員（DBに加入）

月額1万2000円（年額14万4000円）が上限です。

⑥公務員（国家公務員、地方公務員、私立学校教職員など）

公務員は民間企業の確定給付企業年金（DB）に相当する「年金払い退職給付」があるため、⑤会社員（DBに加入）と同様、iDeCoの掛金の拠出限度額は月額1万2000円（年額14万4000円）となります。

⑦国民年金の第3号被保険者（専業主婦・主夫など）

月額2万3000円（年額27万6000円）が上限です。

掛金についてまとめると、図1－11のようになります。

図1-11 タイプ別の掛金の上限額(2022年10月〜)

		2022年 9月末まで	2022年 10月1日〜
	① 国民年金第1号被保険者	月額 6万8000円*	月額 6万8000円*
国民年金第2号被保険者	② 会社員 (企業年金なし)	月額 2万3000円*	月額 2万3000円*
	③ 会社員 (企業型DCに加入)	月額 2万円*	月額 5万5000円－各月の企業型DCの事業主掛金 (月額2万円が上限)
	④ 会社員 (企業型DC＋DB)	月額 1万2000円*	月額 2万7500円－各月の企業型DCの事業主掛金 (月額1万2000円が上限)
	⑤ 会社員 (DBに加入)	月額 1万2000円*	月額 1万2000円*
	⑥ 公務員	月額 1万2000円*	月額 1万2000円*
	⑦ 国民年金第3号被保険者	月額 2万3000円*	月額 2万3000円*

＊年単位拠出が可能

企業年金のある会社員と公務員は統一（2024年12月から）

さらに、掛金額については2024年12月1日からもう一段の変更があります。

③会社員（企業型DCに加入）
④会社員（企業型DC＋DBに加入）
⑤会社員（DBに加入）
⑥公務員

の掛金の上限額について算出方法が統一されます（図1－12）。

企業年金のある会社員（③から⑤）と⑥公務員の人はすべて「月額5万5000円から各月の企業型DCの事業主掛金やDBなどの他制度掛金相当額＊を差し引いた金額」と「月額2万円」の低いほうの金額が掛金の上限となります。つまり、上限額がすべて2万円に統一されます。

＊確定給付型の事業主掛金額は、確定給付型ごとにその給付水準からDCと比較可能な形で評価したもので、複数の確定給付型に加入している場合は合算。確定給付型には、公務員の年金払い退職給付等を含みます。

図1-12 タイプ別の掛金の上限額（2024年10月から）

<table>
<tr><th colspan="2"></th><th>2022年
9月末まで</th><th>2022年
10月1日〜</th><th>2024年
12月1日〜</th></tr>
<tr><td colspan="2">① 国民年金
第1号被保険者</td><td>月額
6万8000円＊</td><td>月額
6万8000円＊</td><td>月額
6万8000円＊</td></tr>
<tr><td rowspan="5">国民年金第2号被保険者</td><td>② 会社員
（企業年金なし）</td><td>月額
2万3000円＊</td><td>月額
2万3000円＊</td><td>月額
2万3000円＊</td></tr>
<tr><td>③ 会社員
（企業型DCに加入）</td><td>月額
2万円＊</td><td>月額5万5000円－
各月の企業型DCの
事業主掛金
（月額2万円が上限）</td><td rowspan="4">月額5万5000円－
（各月の企業型DCの
事業主掛金＋DBなどの他制度掛金相当額）
（月額2万円が上限）</td></tr>
<tr><td>④ 会社員
（企業型DC＋DB）</td><td>月額
1万2000円＊</td><td>月額2万7500円－
各月の企業型DCの
事業主掛金
（月額1万2000円が
上限）</td></tr>
<tr><td>⑤ 会社員
（DBに加入）</td><td>月額
1万2000円＊</td><td>月額
1万2000円＊</td></tr>
<tr><td>⑥ 公務員</td><td>月額
1万2000円＊</td><td>月額
1万2000円＊</td></tr>
<tr><td colspan="2">⑦ 国民年金
第3号被保険者</td><td>月額
2万3000円＊</td><td>月額
2万3000円＊</td><td>月額
2万3000円＊</td></tr>
</table>

＊年単位拠出が可能

会社の拠出額である「各月の企業型DCの事業主掛金額」や「DBなど他制度掛金相当額」の合計額が月額3万5000円以内なら月額2万円まで掛金を払うことができ、会社の拠出額の合計が月額3万5000円を超えると、拠出限度額は2万円よりも減っていくしくみです。

そのため、企業年金のある会社員（③から⑤）と⑥公務員の人は、事業主掛金の額によってiDeCoの掛金の上限額が変わります。DBの掛金額の状況をみると、従来よりふえる人が多いとみられますが、事業主掛金が多い恵まれた人は逆に少なくなったり、掛金を拠出できなくなったりすることもあります。

かりに事業主掛金がふえて、iDeCoの拠出限度額が月額5000円未満となり、iDeCoに加入できなくなった場合はどうなるでしょうか。

③会社員（企業型DCに加入）と④会社員（企業型DCとDBに加入）

iDeCoの資産をいつでも企業型DCに移換して運用を続けることができます。ただし、移換の際に一度現金化されます。

⑤会社員（DBに加入）と⑥公務員

資産額が25万円以下など一定の要件を満たせば、脱退一時金を受け取ることができます。脱退一時金を受け取る要件については65ページをご覧ください。DBの規約にiDeCoの資産を受け入れる旨の規約の定めがあれば、資産をDBに移すことも可能です。

そのいずれもできない場合には、そのままiDeCoで運用指図者となり、これまで積み上げてきた資産の運用だけを行うことになります。掛金を払うことはできず、口座管理手数料が差し引かれます（企業型DCのある会社に転職した場合には移換はできます）。

掛金の払い方

掛金は「月単位」で決めて支払うのが基本です。毎月一定の掛金を払って商品を購入していくスタイルになります。そのほか、12月から翌年11月までの1年間（納付は

1月から12月）で決められた掛金の範囲内で、1年分をまとめて拠出したり、ボーナス月に掛金を増やしたりする年単位拠出も可能です。希望する人は「加入者月別掛金額登録・変更届」の提出が必要です。

ただし、企業型DCに加入する会社員（③と④）は2022年10月から、⑤DBのみに加入する会社員と⑥公務員は24年12月から「月単位」での拠出しかできなくなります。

会社からの拠出がない①国民年金の第1号被保険者や、②企業年金のない会社員、⑦第3号被保険者の人は月単位に加えて、年単位での拠出

図1-13 **年単位拠出の例**（②企業年金のない会社員の場合）

例1 ▶ **数カ月分の掛金を、特定月にまとめて納付する**

指定月（引き落とし日）	1月分 (2/26)	2月分 (3/26)	3月分 (4/26)	4月分 (5/26)	5月分 (6/26)	6月分 (7/26)	7月分 (8/26)	8月分 (9/26)	9月分 (10/26)	10月分 (11/26)	11月分 (12/26)	12月分 (翌1/26)
掛金額	0円	0円	0円	0円	0円	13万8000円	0円	0円	0円	0円	0円	13万8000円

2万3000円×6カ月分　　2万3000円×6カ月分

例2 ▶ **掛金を毎月納付し、特定月だけ増額または減額**

指定月（引き落とし日）	1月分 (2/26)	2月分 (3/26)	3月分 (4/26)	4月分 (5/26)	5月分 (6/26)	6月分 (7/26)
掛金額	1万円	1万円	1万円	1万円	1万円	8万8000円
持ち越し分	1万3000円	1万3000円	1万3000円	1万3000円	1万3000円	0円

持ち越し1万3000円×5カ月＋2万3000円

も可能です。

例えば、②企業年金のない会社員の場合、月額2万3000円の範囲内で掛金を設定し、商品を買い付けていくのが一般的な方法ですが、2万3000円×12カ月＝年間27万6000円の範囲内で、年2回払いにする、ボーナス時に掛金を上乗せするといった設定もできます（図1－13）。

○掛金の納付方法

①国民年金の第1号被保険者と⑦国民年金の第3号被保険者

本人名義の預金口座からの口座振替になります。

②から⑤の会社員と⑥公務員

- 事業主振込（掛金は給与天引きされ、事業主経由で払う）
- 個人振込（本人名義の預金口座から口座振替で納付）

のいずれかを選択することができます（ただ、これまで取材した会社員の方で給与天引きにしている人は少数派です）。

本人の預金口座から口座振替を行う場合、毎月の掛金を翌月の26日に納付します(例えば、1月の分は2月26日に口座振替で納付する、という形になります)。ですから、毎月26日までに掛金相当額をきちんと口座に入れておく必要があります。残高が足りずに口座振替ができないと、iDeCoでは再振替や、あとからその分の掛金を振り込むといったことができません。その月に振替できないと「未納」の扱いになってしまいます。

◎掛金の金額は年1回変更できる

掛金はずっと同じ金額である必要はありません。12月から翌年11月までの1年の間に1回、掛金の金額を変更することができます(銀行口座の引き落としでいうと、1月から12月の1年間になります)。ただし、自営業などの第1号被保険者の人が就職して会社員(第2号被保険者)になったというように、種別変更で掛金の上限額が変わった場合は金額の変更回数には含まれません。

家計が厳しいときには、一時的に掛金を払うのを停止する方法もあります。その場合、「加入者資格喪失届」を金融機関(運営管理機関)に提出します。掛金を払っていないので、運用指図者となり、退職所得控除額（第５章を参照）を計算するときに使う勤続年数にはカウントされません。できれば、月額５０００円まで減らしてでも積み立ては続けたいところですが、難しい場合にはそうした選択肢があることを覚えておくとよいでしょう。

まずは、無理なく負担できる金額を設定し、結婚や出産、離転職といったライフイベントに応じて必要があれば柔軟に金額の変更を検討しましょう。

ここまでの掛金についての説明を図１－14にまとめました。

図1-14 **掛金についてまとめ**

- **基本は「毎月」支払う**
  事前に届け出をだすと年単位管理の設定も可能。ただし、企業型DCに加入する会社員（③と④）は2022年10月から、⑤DBに加入する会社員と⑥公務員は24年12月から毎月払いのみになる
- **月額5000円以上1000円単位。上限はタイプにより異なる**
- **支払い方法**
  指定した銀行口座からの自動振替／給与天引き（会社員・公務員）
- **年に1回、金額を変更することもできる**
  毎年12月から翌年11月まで。種別変更は含まない
- **前納・追納はできない**
- **拠出の休止・再開も可**

預金や保険商品、投資信託から選んで運用

ｉＤｅＣｏでは自分で毎月購入していく商品を選択する必要があります。対象となっているのは、定期預金や保険商品、投資信託などです。ひとつの商品を選んでもよいし、複数の商品を選んで配分割合を決めて、積み立てていくこともできます。

運用商品については、選択した金融機関（運営管理機関）が取り扱う商品から選びます。金融機関によって取り扱う商品は異なるため、金融機関の選択も大切です。活用法については第３章で、金融機関選びについては第４章でくわしく解説します。

60歳以降に運用してきたお金を受け取る（給付）

ｉＤｅＣｏで運用するお金は図１－15にまとめたいずれかの方法で受け取ります。

図1-15 給付は3種類

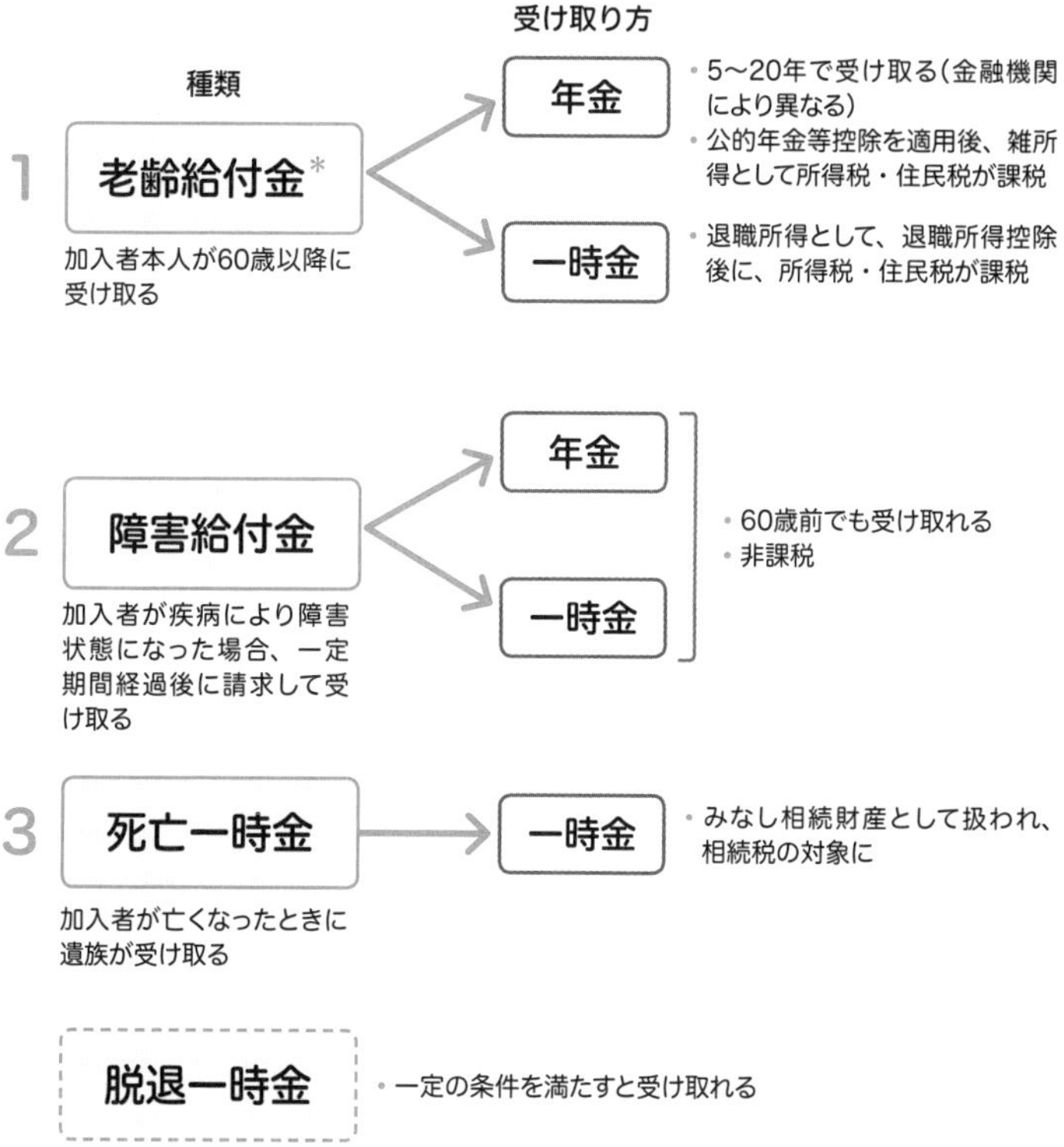
受け取り方
種類
1
老齢給付金*
加入者本人が60歳以降に受け取る
年金
・5～20年で受け取る（金融機関により異なる）
・公的年金等控除を適用後、雑所得として所得税・住民税が課税
一時金
・退職所得として、退職所得控除後に、所得税・住民税が課税
2
障害給付金
加入者が疾病により障害状態になった場合、一定期間経過後に請求して受け取る
年金
一時金
・60歳前でも受け取れる
・非課税
3
死亡一時金
加入者が亡くなったときに遺族が受け取る
一時金
・みなし相続財産として扱われ、相続税の対象に
脱退一時金
・一定の条件を満たすと受け取れる

＊老齢給付金は、金融機関によっては一時金と年金を組み合わせて受け取ることもできる

一番多いのは運用してきたお金を自分の老後資金として受け取るケースで、「老齢給付金」といいます。それ以外にも、加入者が障害状態になったときには「障害給付金」として年金か一時金で受け取ることもできます。障害給付金は所得とみなされないため非課税です。そして、万一加入者が死亡した場合は「死亡一時金」が支給されます。*

＊死亡一時金の請求は死亡時から5年以内。金額は原則として残された個人別管理資産相当額。配偶者（内縁を含む）、子、父母、孫、祖父母および兄弟姉妹のうちから、あらかじめ死亡一時金受取人を指定することもできます。

○受給開始時期の選択肢の拡大（2022年4月1日から）

老齢給付金を受け取る場合、60歳から70歳になるまでの間に受け取りを開始します。この時期は自分で選ぶことができます。22年4月からは公的年金の受給開始時期の選択肢の拡大に合わせて、iDeCoの受け取り開始時期も「60歳から75歳になるまで」に変更されます（図1－16）。

また、60歳になった時点で通算加入者等期間がなく、60歳以降に新たにiDeCoに加入した場合には、加入日から5年を経過した日以降に受け取りが可能となります（22年5月から）。

図1-16 **iDeCoの受給開始年齢の選択肢の拡大**

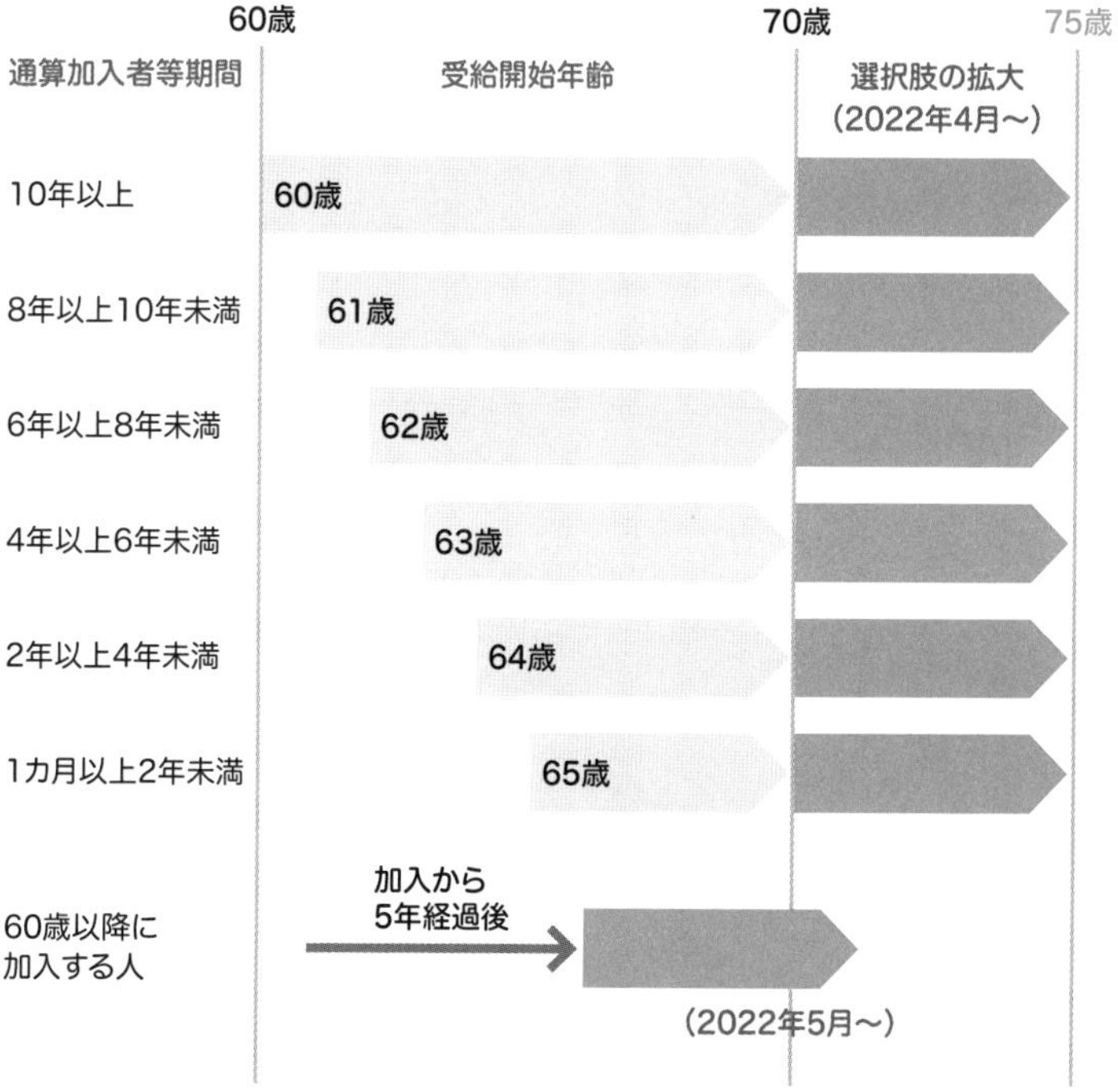

＊通算加入者等期間は次の1〜2の合計になる
1. iDeCoに加入していた期間および運用指図者であった期間
2. 他の制度(企業年金・退職一時金)からiDeCoに移換があった場合は、その移換対象となった期間

60歳時点で通算加入者等期間が10年以上あれば、60歳から老齢給付金を受け取ることが可能です。通算加入者等期間は「iDeCoに加入していた期間および運用指図者であった期間」「他の制度（企業年金・退職一時金）からiDeCoに移換があった場合は、その移換対象となった期間」を合計したものです。

もし10年に満たない場合には、受け取り開始年齢は61歳以降になります。

受け取り方法は、一時金か年金のいずれかになります。多くの金融機関では併給（一部を一時金で受け取り、残りを年金で受け取る）も可能です。受け取り方法や年金として受け取れる年数・回数などは金融機関によって異なります。老齢給付金として受け取る場合のルールについては、第5章で触れます。

最後に、iDeCoの中途引き出しについても触れておきます。

22年5月からはiDeCoに加入できないこと、通算の掛金拠出期間が5年以内または資産額が25万円以下であることなど一定の要件を満たす場合には、iDeCoの脱退一時金を受給できるようになります。図1－17に受給要件をまとめました。

図1-17 改正後のiDeCoの脱退一時金の受給要件

1	60歳未満であること
2	企業型DCの加入者でないこと
3	iDeCoに加入できない者であること
4	日本国籍を有する海外居住者（20歳以上60歳未満）でないこと
5	障害給付金の受給権者でないこと
6	企業型DCの加入者およびiDeCoの加入者として掛金を拠出した期間が5年以内であること、または個人別管理資産の額が25万円以下であること
7	企業型DCまたはiDeCoの資格を喪失してから2年以内であること

＊上記1～7のいずれにも該当する必要がある

60歳まで引き出せないのはむしろメリット

iDeCoは原則、60歳より前にお金を引き出すことができません。

「60歳までお金を引き出せないのは不安」という声もききますが、**iDeCo本来の目的である「老後に向けた資産形成」という観点でいえば、お金を引き出せないことはメリットにもなります。**人間は弱いもので、運用がうまくいって利益がでているときや、逆に、生活が少しキツい場面では「一部解約して使ってしまおうか」という気持ちになることがあります。必要だからと、ちょくちょくお金を引き出していては、あとあと老後資金がたまらなかったということにもなりかねません。**「iDeCoは老後に向けた資産形成の器として機能させる」**と、プラスに捉えたいものです。

コラム

マッチング拠出とiDeCoのどちらを選ぶ？

２０２２年10月から、勤務する会社が企業型ＤＣを導入していて、「マッチング拠出」ができる人は、マッチング拠出を利用するか、ｉＤｅＣｏに加入するかを自分で選択できるようになります。では、どちらを選べばよいでしょうか。

おさらいすると、企業型ＤＣで掛金を払うのは会社です。会社がだす掛金（事業主掛金）の上限額は、企業型ＤＣのみ導入している場合は月５万５０００円、他の企業年金制度と併用している場合には月2万７５００円と決められています。この会社の掛金に上乗せして、従業員が「自分で」掛金を拠出できるしくみがマッチング拠出です。

図1-18 マッチング拠出のしくみ

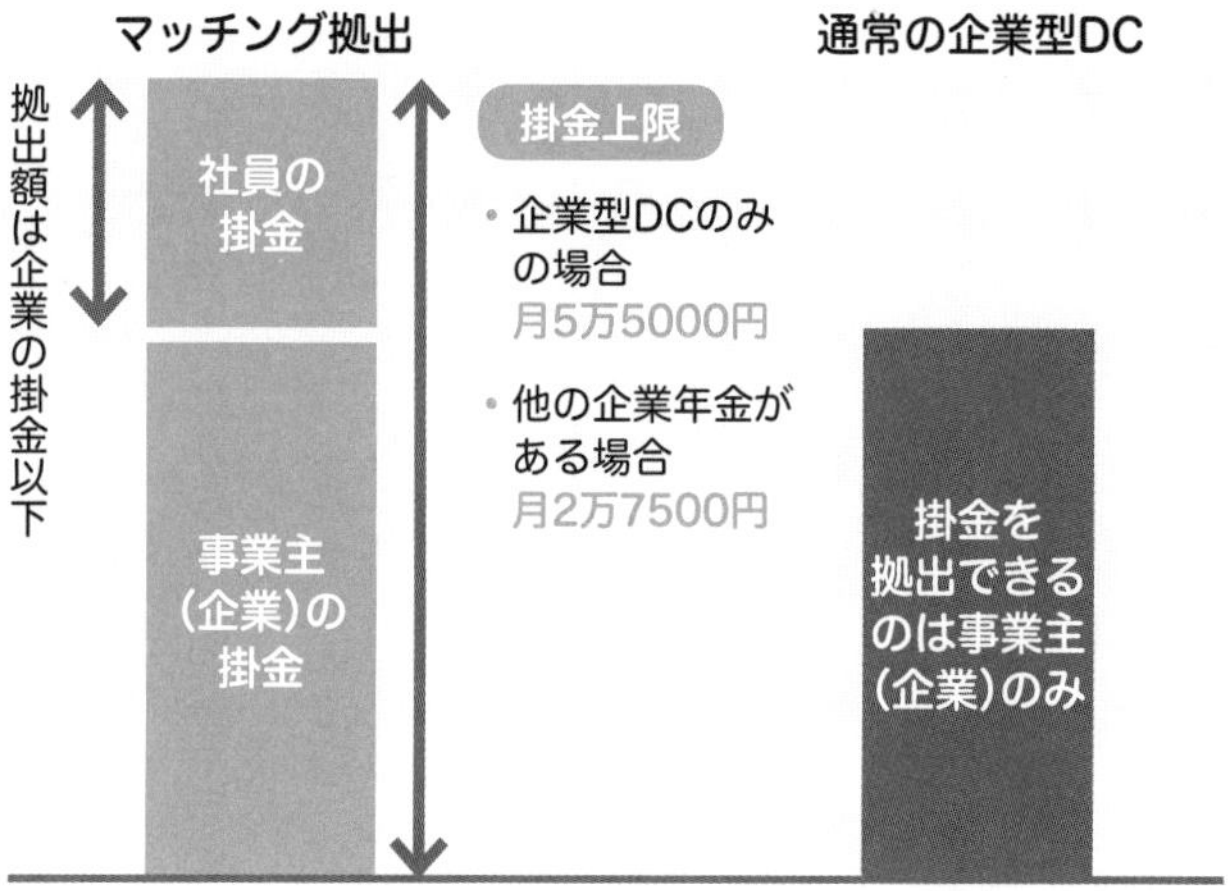

マッチング拠出は「会社の掛金を超えない」「会社の掛金と本人がだす掛金の合計額が掛金の上限額を超えない」というルールがあります（図1－18）。

では、どちらを活用したらよいでしょうか。マッチング拠出とiDeCoとの併用の違いを図1－19にまとめました。

優先順位としては、まずマッチング拠出を検討しましょう。マッチング拠出を活用しても、iDeCoと同様、「自分」がだした掛金については全額「所得控除」の対象になります。iDeCoに加入して掛金を払ったときと同様の効果があり、その年の所得税や翌年の住民税が安くなります。また、企業型DCの口座ひとつでDC資産を運用できるので、口座管理がラクですし、iDeCoのように口座管理手数料もかかりません。そして掛金を給与天引きで支払うことができます。

ただ、次に挙げる人はiDeCoへの加入を検討してもよいでしょう。

ひとつはマッチング拠出の限度額が少ない人です。マッチング拠出には、前述のように「会社の掛金を超えない」というルールがあります。そのため、例えば会社の掛金が月額5000円だと、掛金全体の枠が余っていてもマッチング拠出も月額5000円までしか上乗せできません。このケースではiDeCoに加入すると、企業型DCのみの会社員は月額2万円、企業型DCとDBの両方がある場合には1万2000円まで掛金を払うこと

図1-19 マッチング拠出とiDeCoとの併用の違い

		マッチング拠出	iDeCoに加入
口座管理手数料		なし（会社負担）	あり（自己負担）
管理する口座の数		1つ	2つ
運用商品		会社の企業型DCプランの中から選ぶ	自分で選択した金融機関（運営管理機関）が提供する商品の中から選ぶ
掛金の上限額	③会社員（企業型DCのみ）	会社に自分の限度額を確認しよう！	月額5万5000円－各月の企業型DCの事業主掛金（上限は2万円）*
	④会社員（企業型DC＋DB）	会社に自分の限度額を確認しよう！	月額2万7500円－各月の企業型DCの事業主掛金（上限は1万2000円）*

＊2024年12月からは月額5万5000円－（毎月の企業型DCの事業主掛金＋DBなどの他制度掛金相当額）となり、月額2万円が上限となる

ができます。

もうひとつは勤務先の企業型DCで提供される商品の品ぞろえがイマイチというケースで、インデックスファンドの運用管理費用（信託報酬）が高いものばかり、というような場合です。

今はiDeCoのほうが有利でも、将来マッチング拠出の限度額がふえて、iDeCoよりマッチング拠出が有利になることも考えられます。その場合はiDeCoからマッチング拠出に変更し、iDeCoにある資産を企業型DCに移換することも可能です（一度現金化される）。一方、iDeCoの口座をそのまま残し、運用指図者とし

て新たな掛金は払わずに運用を続けることもできます。その場合、口座管理手数料はかかります。

いずれにしても、

- 会社がだす掛金はいくらか
- マッチング拠出はできるか
- マッチング拠出の上限額はいくらか
- マッチング拠出の金額の変更はいつできるか

を確認することから始めてみてください。

第2章

iDeCoの税制メリットを賢く使う!

iDeCoのメリットとは？

第2章では、iDeCoの税制メリットと留意点について解説していきます。

iDeCoでは①掛金を払うとき、②運用している間、そして、③運用してきたお金を受け取るときのそれぞれの段階で、税制上の優遇があります（図2－1）。

「①掛金を払うとき」と「②運用している間」は非課税＊です。「③運用してきたお金を受け取るとき」には原則課税されますが、一時金として受け取るときには「退職所得控除」、年金形式で受け取るときには「公的年金等控除」の対象となり一定の金額を差し引くことができます。

＊積立金には1.173％の特別法人税がかかりますが、課税が凍結されています。

こうした税制上の優遇をしっかり理解して制度を使いこなしましょう。それでは、ひとつずつみていきます。

図2-1　掛金を払うとき・運用している間は非課税

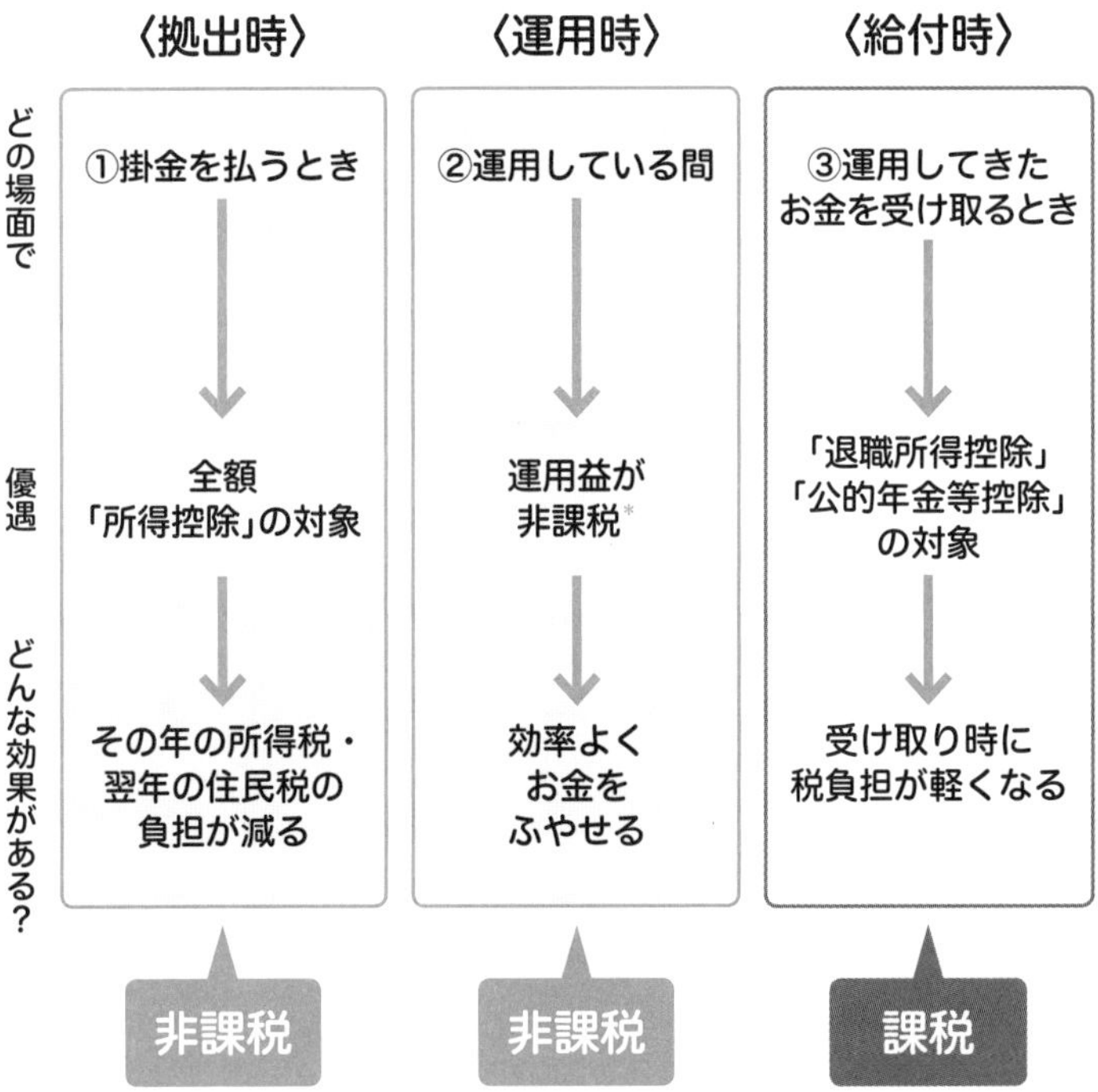
〈拠出時〉
〈運用時〉
〈給付時〉
どの場面で
優遇
どんな効果がある？
①掛金を払うとき
全額「所得控除」の対象
その年の所得税・翌年の住民税の負担が減る
非課税
②運用している間
運用益が非課税*
効率よくお金をふやせる
非課税
③運用してきたお金を受け取るとき
「退職所得控除」「公的年金等控除」の対象
受け取り時に税負担が軽くなる
課税

＊積立金にかかる特別法人税は2023年3月まで凍結されている

掛金を払うと、所得税・住民税が安くなる

メリットのひとつ目は、「①掛金を払うとき」です。毎月積み立てた掛金については、全額が「所得控除」の対象となるため、将来のために積み立てをしながら、その年の所得税と翌年の住民税が軽減される効果があります。

この「控除」、聞き慣れない言葉かもしれませんが、要は「一定の金額を差し引けること」と思ってください。

図2－2は私たちが納める所得税がどのように決まるのかを5つのステップで示したものです。まず「収入」は、みなさんが「年収」

Ⓐ 所得税の速算表（税額＝①×②－③）

課税される所得①	税率②	控除額③
1000円～194万9000円	5％	0円
195万円～329万9000円	10％	9万7500円
330万円～694万9000円	20％	42万7500円
695万円～899万9000円	23％	63万6000円
900万円～1799万9000円	33％	153万6000円
1800万円～3999万9000円	40％	279万6000円
4000万円超	45％	479万6000円

図2-2　支払う所得税の決まり方

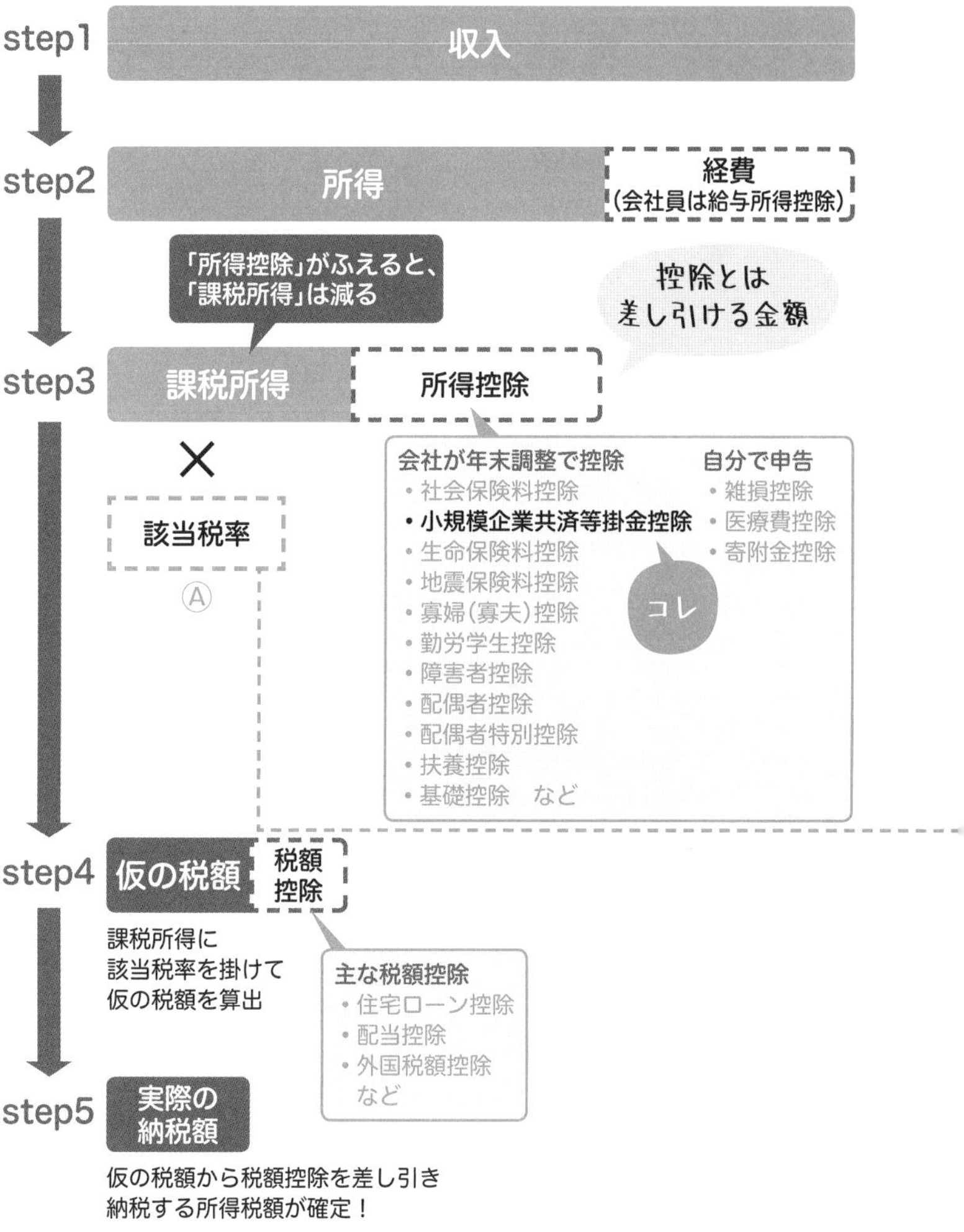
step1
収入
step2
所得
経費
(会社員は給与所得控除)
「所得控除」がふえると、
「課税所得」は減る
控除とは
差し引ける金額
step3
課税所得
所得控除
×
該当税率
Ⓐ
会社が年末調整で控除
・社会保険料控除
・小規模企業共済等掛金控除
・生命保険料控除
・地震保険料控除
・寡婦(寡夫)控除
・勤労学生控除
・障害者控除
・配偶者控除
・配偶者特別控除
・扶養控除
・基礎控除　など
コレ
自分で申告
・雑損控除
・医療費控除
・寄附金控除
step4
仮の税額
税額
控除
課税所得に
該当税率を掛けて
仮の税額を算出
主な税額控除
・住宅ローン控除
・配当控除
・外国税額控除
など
step5
実際の
納税額
仮の税額から税額控除を差し引き
納税する所得税額が確定！

と呼んでいる税込の収入のこと（step1）。個人事業主の場合には売上になります。そこから必要経費、会社員の場合は給与所得控除額を差し引いたものが「所得」です（step2）。

そして、所得からさまざまな「所得控除」を差し引いたものが「課税所得」になります（step3）。所得控除とは、一定の条件を満たしたときに、一定の金額を控除、つまり差し引ける制度のこと。具体的には、基礎控除や社会保険料控除、扶養控除などがあります。

iDeCoの掛金は所得控除の中の「小規模企業共済等掛金控除」にあたります。所得控除は必ずしも支払った金額すべてが差し引けるとは限りません。差し引ける金額が決まっていたり、支払った金額のうちの一部だけを認めたりするものもあります。その点、**iDeCoの掛金は、「支払った掛金をすべて所得から差し引ける」というルールになっています。**

例えば、勤務先に企業年金のない会社員であれば、月々の掛金の上限額は2万3000円ですから、1年間だと27万6000円まで所得金額から差し引けるので、その分課税所得を減らすことができます。

この課税所得に所定の税率をかけて仮の税額を算出し(step4)、そこから住宅ローン控除などの「税額控除」を差し引くと納税額が確定します(step5)。

では、具体的にどれくらいの節税効果があるのでしょうか。課税所得ごとに、どのくらい所得税・住民税が軽減されるかをまとめました(図2－3)。

掛金の額は④会社員(企業型DCとDB)、⑤会社員(DBのみ)、⑥公務員の掛金の上限額である月額1万2000円、③会社員(企業型DCのみ)の上限額月額2万円、②企業年金のない会社員と⑦国民年金第3号被保険者の上限額月額2万3000円、そして、①国民年金第1号被保険者の上限額月額6万8000円を拠出したものとして計算しています(掛金額は2022年9月までのもの。復興特別所得税等は考慮していません)。

日本では、所得税の税率は課税所得に応じて5%から45%まで段階的に決まっているため、課税所得の多い人、そして掛金を多く払える人ほど節税メリットは大きくなるのがわかります。また図2－3で示した所得税と住民税の軽減効果は1年当たりの

図2-3 所得税と住民税の軽減効果（概算）

課税所得	税率 所得税	税率 住民税	月額掛金の上限額（年間掛金の上限額） 1万2000円（14万4000円）	2万円（24万円）	2万3000円（27万6000円）	6万8000円（81万6000円）
1000円～194万9000円	5%	10%	2万1600円	3万6000円	4万1400円	12万2400円
195万円～329万9000円	10%	10%	2万8800円	4万8000円	5万5200円	16万3200円
330万円～694万9000円	20%	10%	4万3200円	7万2000円	8万2800円	24万4800円
695万円～899万9000円	23%	10%	4万7520円	7万9200円	9万1080円	26万9280円
900万円～1799万9000円	33%	10%	6万1920円	10万3200円	11万8680円	35万0880円
1800万円～3999万9000円	40%	10%	7万2000円	12万円	13万8000円	40万8000円
4000万円超	45%	10%	7万9200円	13万2000円	15万1800円	44万8800円

＊復興特別所得税は考慮せず
＊上限額は2022年9月末までのもの

所得税と住民税を合わせると、
これだけ安くなる！

課税所得が高く、掛金をたくさん払うほど
税の軽減効果が大きい

ものです。これを10年、20年と続けた場合の効果はさらに大きくなります。

例えば、

- ＩＴ企業に勤務していて勤務先に企業年金のないＡさん
- 通訳や翻訳の仕事をしている個人事業主のＢ子さん

がｉＤｅＣｏに加入したとします（次ページ図２－４）。ふたりとも、がんばって掛金の上限額を拠出したとしたらどうなるでしょうか（ふたりとも課税所得は３００万円とします）。

Ａさんは、所得税と住民税を合わせると5万５２００円の節税効果がありました。Ｂ子さんにいたっては16万３２００円も支払う税金がダウンしました。

10年でみると、Ａさんは55万２０００円、Ｂ子さんは１６３万２０００円も支払う税金が減ります。**20年続けたとしたら軽減効果は、累計でそれぞれ約１１０万円、約３２６万円にもなります**（税率を一定と仮定した場合）。

それ以外にも、ｉＤｅＣｏを利用し積み立てを始めて、ご夫婦の課税所得が減ると、市町村民税の所得金額に比例して課税される住民税額（所得割額）も下がるので、例

図2-4 継続すると効果も大きい

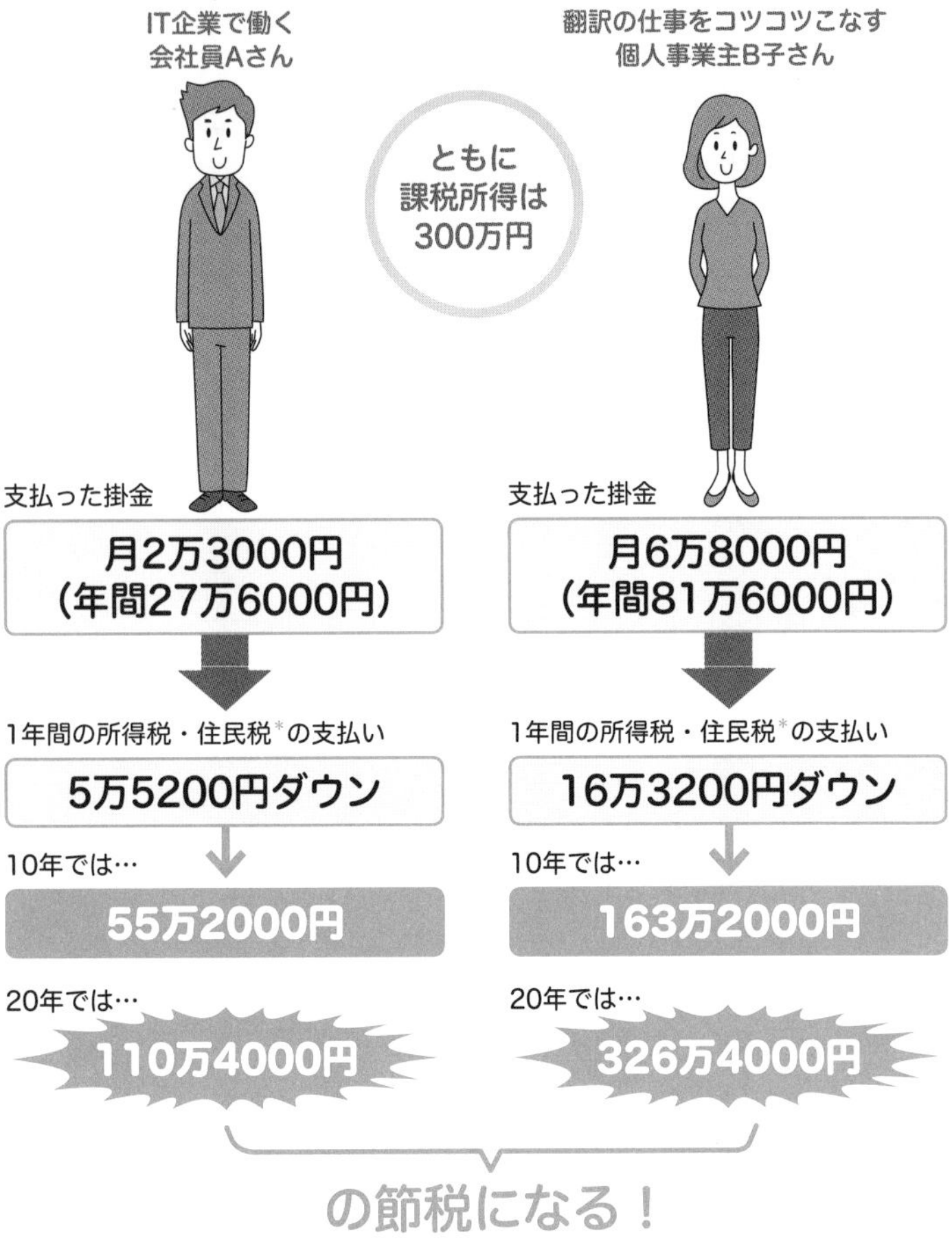

＊所得税と住民税の課税所得は毎年同額として簡便的に試算したもの

えば0～2歳児の保育料が下がるケースもあります。

ここまで課税所得と掛金の額に応じて、軽減される税金の額が変わる話をしてきましたが、みなさんは自分の「課税所得」をすぐに答えられますか？ セミナーで参加者に質問をすることがありますが、即答できる人はほとんどいません。

ふだん、年収は意識しても「課税所得」を意識することは少ないと思います。では、どこをみればわかるでしょうか。

自営業・フリーランスなど第1号被保険者の方は毎年確定申告をしているので、イメージがわきやすいのではないでしょうか。確定申告書の「課税される所得金額」の欄をみると、わかります（図2－5の上）。

次に会社員です。会社員は毎年12月から1月にかけて会社から受け取る「源泉徴収票」をみて、「給与所得控除後の金額」から「所得控除の額の合計額」を差し引くと計算できます（図2－5の下）。会社員で、預金口座から口座振替で掛金を納めている場合、年末調整のときに「掛金払込証明書」を会社の担当部署に提出すると、払い過ぎた所得税が還付されて12月の手取り金額が増えますし、翌年の住民税も安くなります（自

図2-5　課税所得はどこをみればわかる？

● 自営業➡確定申告書をみればわかる

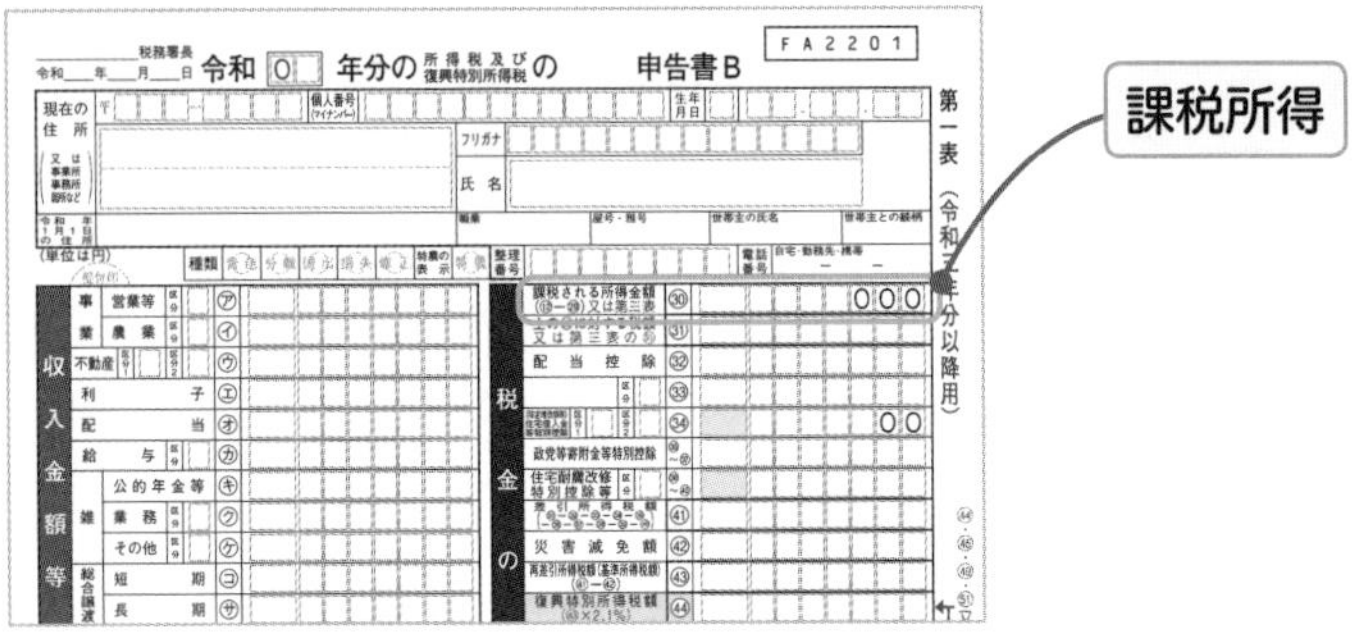

● 会社員➡源泉徴収票をもとに課税所得をチェック！

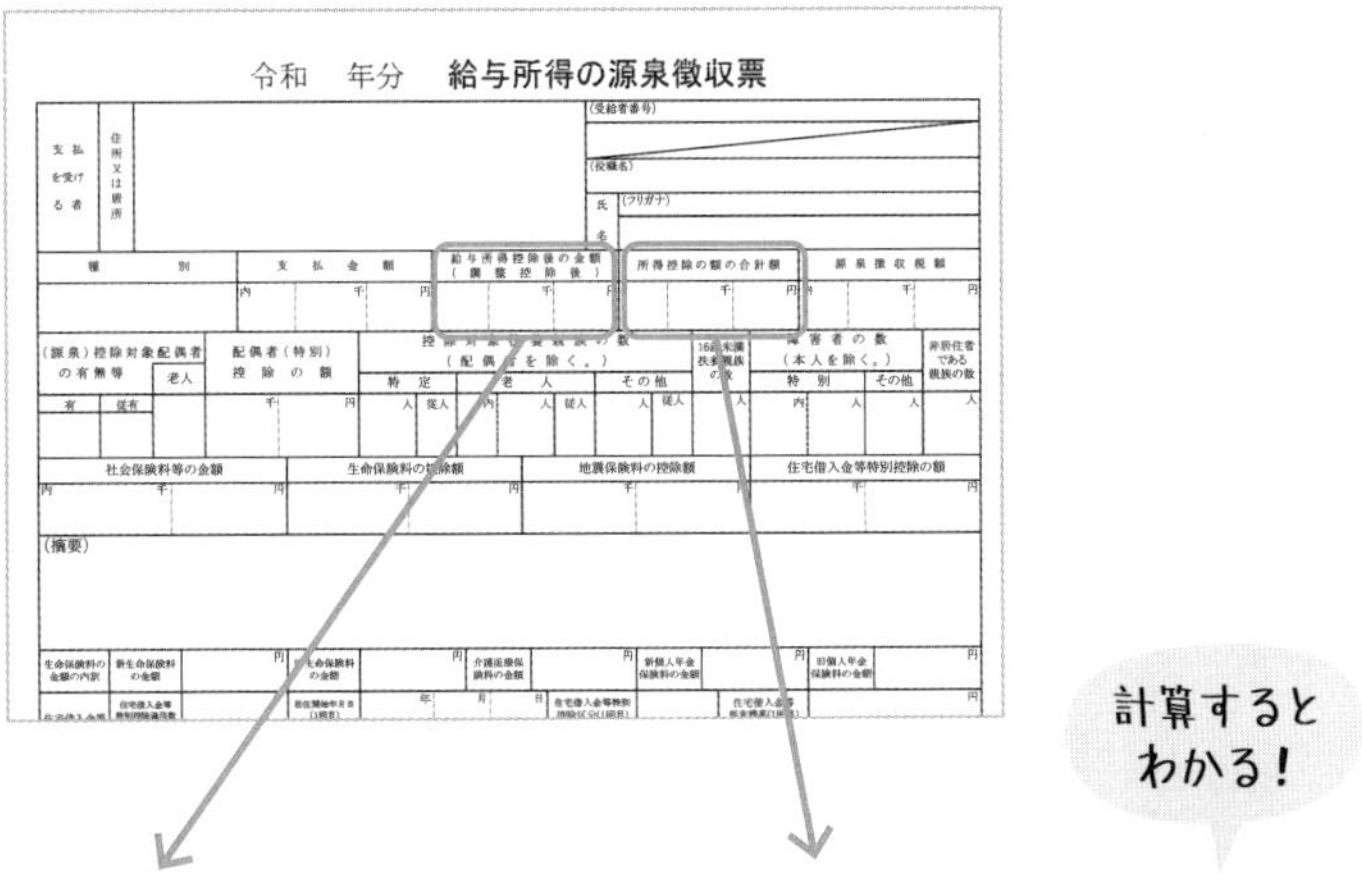

給与所得控除後の金額－所得控除の額の合計額＝課税所得
（所得のこと）

分で確定申告をしてもよい）。

具体的な手続きについては第6章218ページをご覧ください。

ここで**大切なのは、還付された所得税や安くなった分の住民税のお金を使ってしまわないこと**です。iDeCoの掛金を払うと、こうした所得控除の恩恵を受けられ、運用益が非課税になりますが、運用してきたお金を受け取るときには課税されるケースもあるからです。

とくに年末調整で所得税が戻る場合、お給料と一緒に振り込まれるため、「臨時ボーナスだ」とばかりに浪費してしまう人もいますが、これではせっかくの所得控除の恩恵が消えてしまいます。戻ってきたお金は貯蓄や投資に回しましょう。例えば、「証券口座に入金し投資信託を購入する」「翌年のつみたてNISAの資金に充てる」など方針を決めることで、戻ったお金を育てていくことができます。

運用している間の「利益」に税金はかからない

メリットの2つ目は「運用している間」です。

ｉＤｅＣｏは原則60歳まで引き出すことができないので、長期で運用していくことになります。その間の利益（預金の利息や投資信託を解約したときの利益など）はすべて非課税になります。[*1]

例えば、ふつうに銀行の預金に預けると利息に対して20％の源泉税が徴収されますし、投資信託についても解約したときに利益がでると通常は約20％の税金が差し引かれます。[*2]ところが、ｉＤｅＣｏの口座内で運用している資産については、運用中に得られる利息や値上がり益などがすべて非課税となります。そのため、**本来税金として差し引かれるはずのお金までそのまま再投資でき、効率的に資産をふやせる**というわけです。

＊1 現状は非課税。運用資産に対して年率1.173％が課税される特別法人税は2023年3月末まで課税が凍結されています。過去には課税停止の延長措置を繰り返しています。
＊2 復興特別所得税が付加されることにより、2013年1月1日から2037年12月31日までの25年間は20.315％（所得税15％、復興特別所得税0.315％、住民税5％）となります。

では、iDeCoを利用するのと、一般の金融商品を利用するのではどのくらいの差がでるのでしょうか。

かりに毎月2万3000円を30年間積み立てた場合をみていきます（運用収益は3％とします）。積み立てた元のお金（元本）の合計は828万円になります。一般の金融商品で積み立てた場合（運用益の20％が源泉徴収されると想定）には約1209万円になります。

一方、iDeCoで税金が引かれずに運用益が非課税だった場合には約1340万円になり、＊その差は約131万円にもなります。この金額の違いは「同じ積立額、同じ運用成績の場合に税金の違いで生じる差」です。非課税のメリットの大きさがわかりますね。

iDeCoは月単位の掛金の上限額は決められていますが、累積投資額、つまり積み上げていくお金の総額については上限がありません。ですから、早く加入して、長い期間運用していくことができれば、その分、運用できるお金も積み上がっていきます。

＊毎月末に積み立てると想定。

◎どこで運用するかはとっても重要！

ｉＤｅＣｏは口座内で商品の預け替え（スイッチング）を行うことができます。くわしくは第3章で解説しますが、要は商品Ａを解約して、その代わりに商品Ｂを購入することができます（ここがつみたてＮＩＳＡとは違う点です）。

例えば、毎月一定の掛金で投資信託を購入していき、資産が積み上がってきて１００万円になったとします。そのうち利益は20万円です（図２－６）。

特定口座など利益に対して課税される口座で投資信託を運用していた場合、利益の20万円に対して20・315％の税金がかかります。そのため、図２－６の上のケースでは税金約４万円が差し引かれた約96万円が新たな投資信託を買い付けるための元手になります。

一方、ｉＤｅＣｏ口座では利益に対して税金がかかりませんから、元本80万円と利

図2-6　**運用益が非課税だと効率的にふやせる**

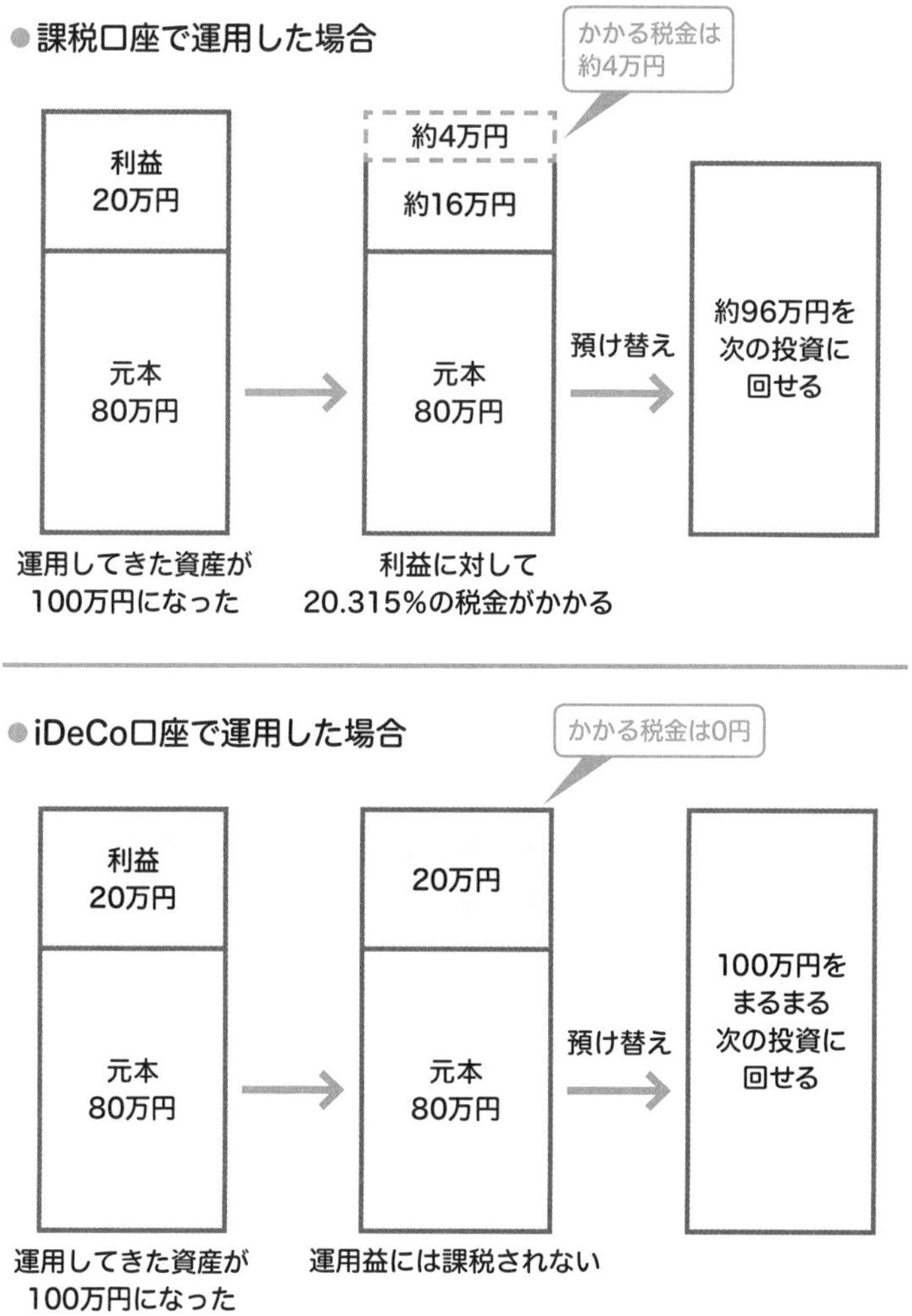

益20万円の合計額である100万円で新たな投資信託を購入することができます（図2－6の下）。

このように、**iDeCoでは運用している間も税金がかからないため、通常なら税金として差し引かれるお金も元本に組み入れて運用していくことができます。**運用で得た収益を再び投資することで、いわば、利息が利息を生んでふくらんでいく効果のことを「複利効果」といいますが、複利効果は運用期間が長くなるほど効いてきます。その点、iDeCoは60歳まで引き出せませんし、老後に向けた資産形成を目的としていますから、多くの人はおのずと長期運用になります。つまり、税の繰り延べ効果をより発揮できるシステムになっているのです。

投資をするときのコストは「マイナスのリターン」です。コストというと金融商品の手数料が思い浮かびますが、「税金」も立派なコストです。したがって、税金に関してメリットの大きな場所（＝口座）で優先的に運用することを検討したほうが有利。とくに、リタイアに向けた資産形成であれば、iDeCoという箱は優先的に利用したいところです。

受け取り方しだいで税金が変わる！

最後に、「運用してきたお金を老齢給付金として受け取るとき」です。

ｉＤｅＣｏは掛金を払うときや、運用している間は非課税ですが、年金資産を受け取るときに一括して課税されるしくみとなっています。このように掛金や利息などに税金がかからず受け取り時に一括して課税されることを「課税の繰り延べ」といいます。ただし、一時金で受け取るときには「退職所得控除」が、年金として受け取るときには「公的年金等控除」が適用されて一定の金額を差し引くことができます。とくに一時金で受け取るときの「退職所得控除」は手厚いので、非課税で受け取れる人もいるということです。

受け取るときの税制については少々ややこしいので、第5章でくわしく説明します。

最後にまとめると、次のようになります。

- **払った掛金はすべて「所得控除」の対象となるので、所得税や住民税が安くなる**

・所得税や住民税が安くなった分は使ってしまわずに、貯蓄や投資に回そう
・運用益が非課税なので複利効果を享受するために、なるべく長い期間、たくさんの資産を運用していくほうが効果的

コラム

自営業は付加年金、小規模企業共済とiDeCoの組み合わせが最強

自営業やフリーランスといった国民年金の第1号被保険者の人は、老後にもらえるお金は国民年金(老齢基礎年金)だけで、会社から受け取る退職一時金や企業年金はありません。国民年金は40年加入したとしても受け取る金額は年間78万円ほど。できるだけ早いうちから資産形成に励むことをおすすめします。

まずは国民年金保険料に加えて、任意で少しの「付加保険料」を上乗せして納めることで、受給する年金額をふやしましょう。具体的には、月額400円を上乗せして保険料を支払うと、65歳以降「200円×付加保険料を納付した月数」が付加年金として老齢基礎年金に上乗せされるしくみです。

例えば、5年間(60カ月)付加保険料を支払うと2万4000円になりますが、65歳以降に上乗せされて受け取る付加年金は200円×60カ月で1万2000円(年額)ですから、2年で元がとれる計算です。

次に、iDeCoと小規模企業共済の加入を検討しましょう。

ここでは小規模企業共済について解説します。

小規模企業共済とは、個人事業主や小規模企業の会社役員が事業をやめたり、退職したりしたときの退職金をつくるための制度。国が全額出資している独立行政法人中小企業基盤整備機構が運営を行います。

加入資格があるのは、「常時使用する従業員が20人以下（商業・サービス業では5人以下）の個人事業主および会社の役員」などで、掛金は毎月1000円以上500円単位で設定できます。掛金の上限額は月額7万円です。

掛金はiDeCoと同様、全額が所得控除（小規模企業共済等掛金控除）の対象です。iDeCoの掛金とは「別枠」で利用できるため、両方を合わせると年間165万6000円まで掛金を払うことが可能です。節税効果だけでも大きいですね。また、小規模企業共済は加入年齢の制限がない点もメリット。60歳以降も現役で働いて掛金を払うことで、その分受取額をふやすことができます。

受け取る共済金の額は基本共済金（固定）と付加共済金の合計金額となります。基本共済金は請求事由（受け取る理由）と掛金を納めた月数に応じて決まります。図2―7をご覧いただくとわかるように、共済金を受け取る理由によって共済金A、共済金Bなど4つのタイプに分かれます。

受け取り方は一括か分割、あるいは一括と分割の併用で、一括で受け取る場合は「退職

図2-7 請求事由によって共済金等の種類は4つある

共済金等の種類	個人事業主の場合	法人（会社など）の役員の場合
共済金A	・個人事業を廃業した ・配偶者・子に個人事業の全部を譲渡した場合 ・共済契約者が亡くなった　など	・法人が解散した
共済金B	・老齢給付（65歳以上で180カ月以上掛金を払い込んだ人）	・満65歳以上、または病気や怪我のため役員を退任した ・共済契約者が亡くなった ・老齢給付（65歳以上で180カ月以上掛金を払い込んだ人）
準共済金	・個人事業を法人成りして、その法人の役員にならなかった＊など	・満65歳未満の方が、法人の解散、病気や怪我以外の理由で役員を退任した　など
解約手当金	・任意解約 ・機構解約（掛金を12カ月以上滞納した場合）	・任意解約 ・機構解約（掛金を12カ月以上滞納した場合）

＊2011年1月以降に加入した共済契約者に限る（11年1月以降に請求事由が発生して掛金納付月数の通算手続きを行った場合も含む）

所得控除」、分割で受け取る場合には「公的年金等控除」の対象になります（一括、分割は小規模企業共済の呼び方で、iDeCoの一時金、年金と意味は同じです）。

　同じ金額の掛金を払っていても、共済金を受け取る理由によって受け取る金額は異なります。図2－8は小規模企業共済に加入し、毎月1万円の掛金を払った場合の受取額を示しています。

　共済金A（事業廃止などを理由とした受け取り）のほうが、共済金B（老齢給付金として受け取るなど）よりも受け取る金額は多くなります。

注意したいのは事業廃止や老齢給付ではなく、お金が必要になって自分の意志で解約するケース。図2―7の「解約手当金」にあたり、20年未満で解約する場合は掛金の合計額（元本）を下回ってしまいます。

小規模企業共済に加入していると、万一困った場合には、支払った掛金の範囲内で事業資金を低利で借りることもできます。コロナ禍や災害時には特例措置として、無利子で借り入れを行うことができました。

図2-8 **毎月1万円を積み立てた場合の受取額**

掛金納付月数（元本）	共済金A	共済金B	準共済金
5年（60万円）	62万1400円	61万4600円	60万円
10年（120万円）	129万600円	126万800円	120万円
15年（180万円）	201万1000円	194万400円	180万円
20年（240万円）	278万6400円	265万8800円	241万9500円
30年（360万円）	434万8000円	421万1800円	383万2740円

＊基本共済金の金額を示している。付加共済金の額が算定されている場合はその額が加算される

第3章

iDeCoをこう活用する

ｉＤｅＣｏで運用できる商品

第3章では、賢い運用の始め方、そして続け方について考えていきましょう。

第1章でも触れましたが、ｉＤｅＣｏでは金融機関（運営管理機関）をひとつ選択し、掛金額や商品、配分割合を決める必要があります（図3－1）。金融機関を選ぶときにも「どんな商品を取り扱っているか」は重要な選択のポイントになるので、まずは第3章でどんなふうに運用していきたいかをイメージし、第4章でそれに合った金融機関を探すポイントをみていきます。

ｉＤｅＣｏで利用できるのは定期預金や保険商品、投資信託です。それぞれの商品について、しくみや特徴、留意点をみていきましょう。各金融商品について理解している人はこのパートは飛ばしてください。

投資信託

まずは、「投資信託」です。投資信託（略して、投信やファンドとも呼ばれます）とは、

図3-1 iDeCo：自分で決めること

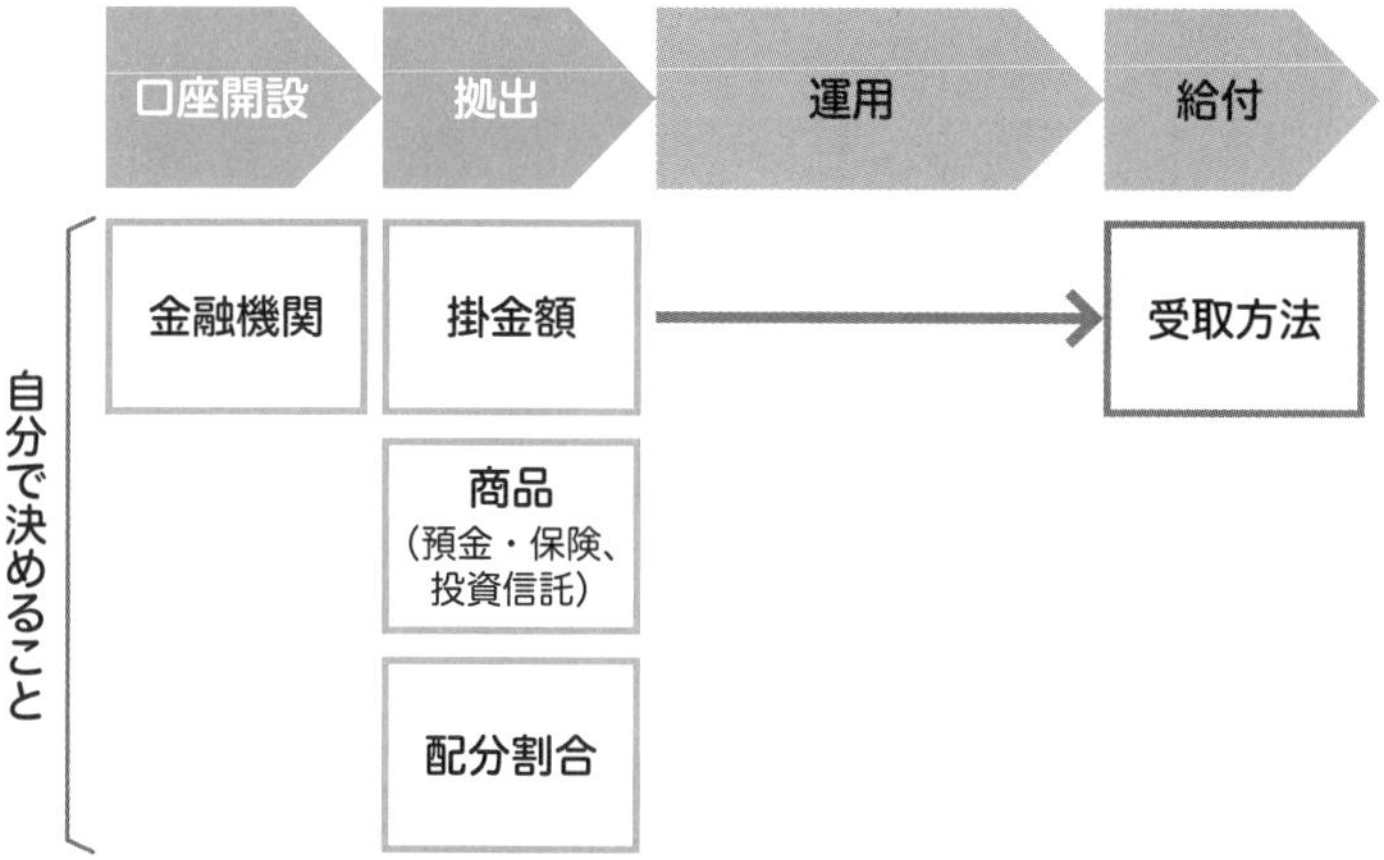

私たち投資家からお金を少しずつ集めてひとまとまりにし、そのお金を運用会社が運用してくれる金融商品です。一人ひとりがだすお金はそれほど多くなくても、まとまって数十億円、数百億円単位になれば、個人ではアクセスしにくい地域や国に投資したり、たくさんの株式や債券などに投資したりすることができます。そして、運用成果に応じて、投資した人に収益が分配されるしくみになっています。

ひと口に投資信託といっても、その中身は多岐にわたります。というのも、投資信託という器にはさまざまなモノを入れることができるからです。具体的には株式や債券（国や会社などにお金を貸す代わりに発

図3-2　投資信託：いろいろな資産に投資できる

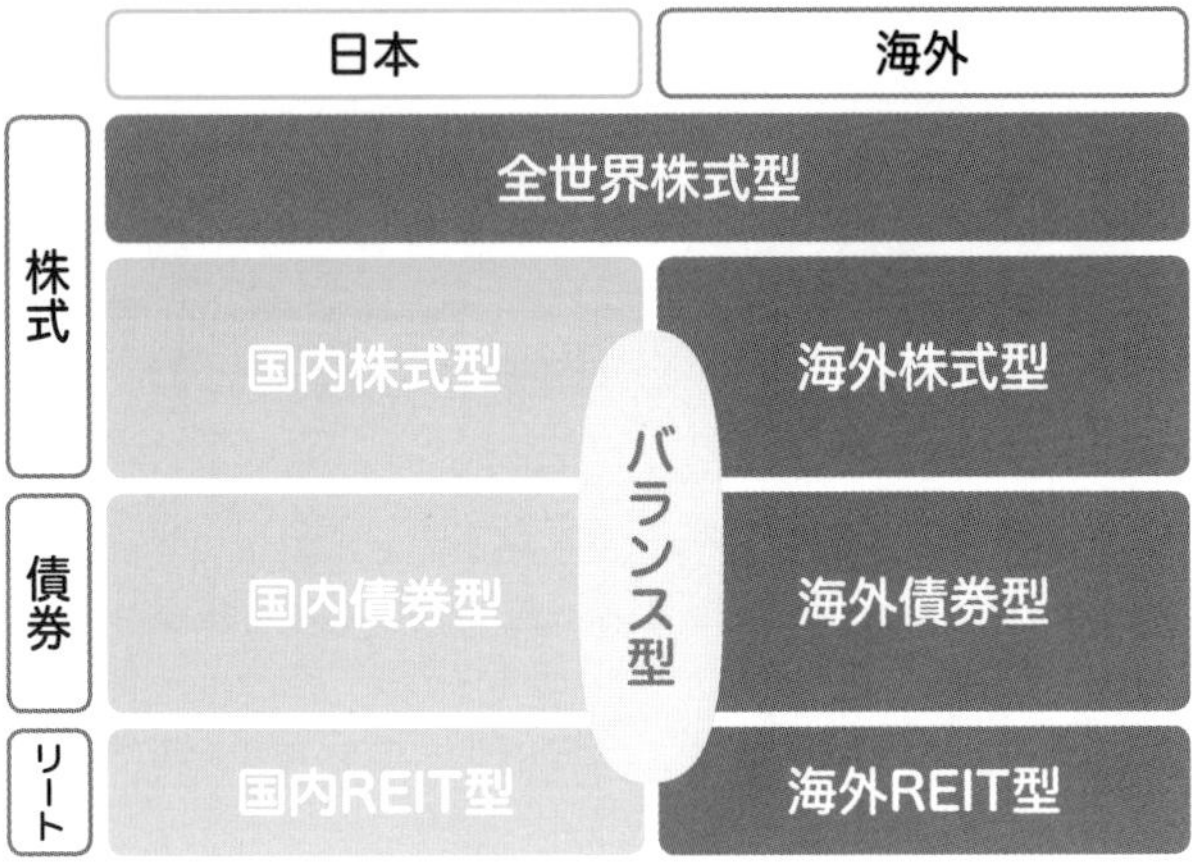

行してもらう借用書のようなもの）、ＲＥＩＴ（上場不動産投資信託＊）といったモノです（図３－２）。地域も、日本だけ、海外だけにとどまらず、日本と海外を含めた全世界に投資できるタイプがあります。投資信託について予備知識がない方は、『改訂版　一番やさしい！　一番くわしい！　はじめての「投資信託」入門』（ダイヤモンド社）をお読みください。

＊投資家から集めたお金で複数の不動産を購入し、不動産から得られる家賃収入などを分配金の形で投資家に還元する商品のこと。

投資信託の運用スタイルは、大きく分けると２つあります（図３－３）。「パッシブ」と「アクティブ」で、パッシブ運用の代表

図3-3 主な2つの運用スタイルの特徴

	パッシブ運用	アクティブ運用
入っている銘柄	目標とする指数と同じように動くことをめざす	運用会社が一定の投資哲学・プロセスに基づいて「ピックアップ」する
運用の狙い	目標とする指数と同じように動くことをめざす	指数にとらわれない・こだわらない運用をめざす
手数料	低い	高め

代表的なのは
インデックスファンド

主に
アクティブファンドの
運用手法

的なものが「インデックスファンド」です。

インデックスファンドは、例えば日本株なら、TOPIX（東証株価指数）などの代表的な指数と同じように動くことをめざす投資信託のこと。指数というのは、あるまとまった市場全体の動きを反映するようにつくられたモノサシのようなものと考えてください。

これに対して、アクティブファンドは一定の投資哲学・プロセスに基づいて投資先を選んで投資するスタイルです。運用担当者が個別の会社を調査したり、市場動向を分析したりして、指数というモノサシにとらわれない独自の運用をめざします。投資先を選ぶ基準などもさまざまです。

投資信託のコストとは？

投資信託には、主に2つの手数料がかかります（図3－4）。

まず、投資信託を購入するときにかかるのが「購入時手数料」。これは銀行や証券会社といった販売会社に対して支払う手数料です。スポーツジムに例えると、入会するときに支払う入会金のようなものです。iDeCoの対象となっている投資信託は、購入時手数料はかかりません。ただし、iDeCoには毎月「口座管理手数料」がかかります（くわしくは第4章でご説明します）。掛金から口座管理手数料が差し引かれ、残りの金額で商品を購入するしくみなので、口座管理手数料が購入時手数料のようなもの、ともいえます。

そして、スポーツジムの会費にあたるのが、「運用管理費用（信託報酬）」です。入会金は一度支払えばおしまいですが、会員でいる限り、会費はずっと払い続けますよね。それと同じで、投資信託を保有している間、ずっと払い続けるのが「運用管理費用（信託報酬）」です（運用会社、販売会社、管理会社にそれぞれ支払われます）。

投資信託の資産残高に応じて年率○％という率が定められていて、毎日毎日、差し

図3-4 **投資信託の手数料**

	どんな手数料？	支払先は？
購入時手数料	投資信託を購入するときに一時的にかかる手数料	販売会社
運用管理費用（信託報酬）	投資信託を保有している間、ずっと差し引かれる手数料	販売会社 運用会社 管理会社

引かれています。みなさんが目にする投資信託の値段（基準価額）は、この運用管理費用が差し引かれたあとの数字なのです。

次に元本確保型の商品です。

定期預金

定期預金は、一般の窓口で取り扱われているものと商品内容は同じです。例えば、

- ○○銀行確定拠出年金専用定期（1年）
- ××銀行確定拠出年金専用定期（3年）

という具合です。

定期預金は預け入れ時にあらかじめ金利が提示され、満期まで預ければ所定の利息がつきます。そして、満期時には「元本とその利息」がまとめて同じ商品に再投資

されるしくみです。他の商品に預け替えるために満期の前に解約した場合は「中途解約利率」が適用されるので、当初示された金利よりも低い金利が適用されてしまいます。ただし、元本は保証されるので、受け取る利息が少なくなるだけで元本割れすることはありません。

なお、iDeCoで預けた定期預金もペイオフの対象になることは覚えておきましょう。ペイオフとは、預金保険制度に加盟している金融機関が破たんした場合の預金者保護の方法のひとつです。金融機関が破たんし、ペイオフ方式が適用されると、1金融機関1預金者当たりの元本1000万円とその利息までが全額保護の対象となり、それを超えた分は破たん銀行の財産の状況に応じて支払われます。iDeCo口座で預けている預金も合算されます。たくさん預金をお持ちの方は、ふだん利用している銀行と、iDeCoでお金を預ける銀行（運営管理機関ではなく、商品提供先の銀行のこと）は分けておくと安心です。

保険商品

保険商品には、損害保険会社が提供する「積立傷害保険」や、生命保険会社が提供する「利率保証型積立年金」などがあります。若干、死亡保障のつくものもありますが、基本は貯蓄型の保険商品になります。あらかじめ利率が提示され、満期まで預けると決められた利息がつくこと、満期時に「元本とその利息」がまとめて同じ商品に再投資される点は、定期預金と同じです。一般的には同じ期間の定期預金に比べると、利率が高いケースが多いです。

注意したいのは、中途解約をしたときのペナルティーが預金よりもキツいこと。商品や時期によっては中途解約すると解約控除*が適用されて、元本割れすることもあります。これらの保険商品は債券で運用するケースが多く、満期までの期間が長いこともあり、金利が上昇する場面では、他の商品に預け替えるために解約した場合には元本割れしてしまう可能性も高くなります。

ただ、60歳以降にお金を受け取るために保険商品を解約する場合には解約控除は適用されず、元本割れにはなりません。預けていた期間に応じた利息も受け取れます。例えば、56歳になって満期10年の保険を選び、60歳以降にこれを解約する場合には不利になることはありません。

*解約返戻金を計算するときに、契約者の持ち分である保険料積立金から差し引かれる額のこと。保険契約を結んで短期間のうちに解約した場合に適用されるケースが多いです。

まとめると、定期預金は「もう少し勉強してから投資信託を買いたい」など、とりあえずお金をおいておきたい人にとっては、保険商品より使い勝手がよいといえます。保険商品は他の商品に預け替える可能性がある人には向きませんが、予定利率の高い時期に満期まで預ける、あるいは受け取り時に活用するという選択肢があります。

iDeCoでは期待リターンの高い商品で優先的に運用

ここで、iDeCoの特徴を振り返ってみましょう。

- **原則、60歳まで受け取れない　↓　多くの人は長期運用になる**
- **運用益が非課税である　↓　複利効果が期待できる**

ここが整理できると、おのずとiDeCoの活用法についても「基本的な考え方」

が整理できるのではないでしょうか。

iDeCoの運用益は非課税なので、老後に備えた運用をするなら、長期的に期待されるリターンの高い商品で運用したほうが非課税枠を効率的に活用できます。

大事なのは金融資産をどの口座で持つか、という視点です。運用中の利益に対して課税される口座（一般の銀行口座や証券口座）と課税されない口座（iDeCoやつみたてNISA）に資産をどう優先的に配分するかによって、課税後の資産全体の金額が変わります。

図3－5をご覧ください。

図3-5　置き場所を変えるだけで大きな差に

●株式に投資する投資信託を課税口座で運用

運用益に20%課税	株式に投資する投資信託（4%）	税引き後利益 3万2000円	受取額 103万3000円
運用益が非課税	定期預金（0.1%）	利益（非課税） 1000円	

●株式に投資する投資信託を運用益が非課税になる口座で運用

運用益に20%課税	定期預金（0.1%）	税引き後利益 800円	受取額 104万800円
運用益が非課税	株式に投資する投資信託（4%）	利益（非課税） 4万円	

＊株式投信、定期預金でそれぞれ100万円ずつ運用した場合

例えば、手元にあるお金を定期預金と株式に投資する投資信託に100万円ずつ振り分けたとします（iDeCoは積み立て形式で購入していきますが、ここではわかりやすくするために100万円を預けたものとします）。さらに、株式に投資する投資信託の期待リターンを年4％、預金を0・1％とします。

「運用益が非課税になる口座で定期預金を保有し、課税口座で株式に投資する投資信託を保有（図3－5の上）」した場合と「課税口座で定期預金を保有し、運用益が非課税になる口座で株式に投資する投資信託を保有（図3－5の下）」した場合では、後者のほうが受け取るお金はふえます。

このように運用益が大きな資産ほど、非課税の恩恵を受けやすいことがわかります。こうした考え方を「アセット・ロケーション（資産の置き場所）」といいます。

大事なのは、手元にあるお金を含めて、「金融資産全体でどのように運用していこうか」を考えてみることです。もし手元資金で投資信託を保有しているのに、iDeCoや企業型DCでは定期預金など元本確保型商品ばかりを保有している人がいたら、iDeCoのメリットを十分に活かしきれていないことになります。

運用期間を長くとれる人は株式を中心に

このように、**iDeCoでは長期で効率的な運用ができるので、金融資産全体で考えて、なるべく期待リターンの高い商品で運用するのが合理的です。**そのときに基本となるのは株式です。株式は長期的には債券よりも高いリターンをもたらしてくれるからです。iDeCoの口座では直接株式を買うことができないので、株式に投資する投資信託を購入することになります。とくに60歳まで運用期間が長くとれる人は、株式に投資する投資信託を中心に運用したほうが、長期的には「預金だけ」で運用するより大きくお金が育つ可能性が高くなります。複利効果や、課税の繰り延べ効果（88ページ）がより効いてくるからです。

株式に投資する場合、まずは世界の株式にまとめて投資することを考えましょう。世界の株にまとめて投資するにはいくつか方法があります。図3－6はその方法と、代表的な株価指数を示しています。

図3-6 世界の株に投資する方法はいろいろある

	日本	先進国	新興国
(1)	MSCIオール・カントリー・ワールド・インデックス FTSEグローバル・オールキャップ・インデックス		
(2)	TOPIX 日経平均株価	MSCIオール・カントリー・ワールド・インデックス(除く日本)	
(3)	TOPIX 日経平均株価	MSCIコクサイ・インデックス	MSCIエマージング・マーケット・インデックス
		NYダウ S&P500	

●代表的な株価指数

MSCIオール・カントリー・ワールド・インデックス	MSCI社が開発した株価指数で日本を含む世界(先進国+新興国)の50カ国・約3000社で構成されている
FTSEグローバル・オールキャップ・インデックス	全世界の株式市場の動向を表す時価総額加重平均型の株価指数。大型株、中型株から小型株まで約8000社をカバー
MSCIオール・カントリー・ワールド・インデックス(除く日本)	MSCI社が開発した株価指数で日本を除く49カ国・約2700社で構成されている
MSCIコクサイ・インデックス	MSCI社が開発した株価指数で、日本を除く世界の先進国22カ国・約1330社で構成されている
MSCIエマージング・マーケット・インデックス	MSCI社が開発した株価指数で新興国27カ国・約1400社で構成されている

(1)は1本で日本を含む世界の株式にまとめて投資する方法です。

ＭＳＣＩオール・カントリー・ワールド・インデックス（ＭＳＣＩ ＡＣＷＩ）は日本を含む世界50カ国（先進国・新興国を含む）・約３０００社で構成された株価指数です。そのため、この株価指数に連動するインデックスファンドを購入すると、１本で日本を含む世界の株にまとめて投資ができるというわけです。

ＦＴＳＥグローバル・オールキャップ・インデックスに連動するインデックスファンドも、同様に、１本でまとめて日本を含む世界の株に投資できます。こちらは時価総額の小さい企業も含まれるので、世界の会社約８０００社にまとめて投資できます。

(2)は日本株と日本を除く世界株を組み合わせる方法です。

ＭＳＣＩオール・カントリー・ワールド・インデックス（除く日本）は日本を除く49カ国（先進国・新興国を含む）・約２７００社で構成されている株価指数です。こちらの株価指数に連動するインデックスファンドを購入すると、日本を除く世界の株に投資することができます。

(3)は日本株と先進国株、新興国株に投資する投資信託を組み合わせる方法です。

ＭＳＣＩコクサイ・インデックスは日本を除く世界の先進国22カ国・約１３３０社で構成されている指数、ＭＳＣＩエマージング・マーケット・インデックスは新興国27カ国・約１４００社で構成されている指数です。

投資初心者の方からは「複数の投資信託を組み合わせるのは難しい」「管理をラクにしたい」という声も耳にします。１本で日本を含む世界の株にまとめて投資したい、幅広く分散された商品を購入したいという場合には(1)の株価指数に連動するインデックスファンドを積み立てていくとよいでしょう。第４章でくわしくご紹介しますが、(1)のタイプの商品を積み立てたい場合、取り扱う金融機関（運営管理機関）は限られていて、ネット証券にｉＤｅＣｏ口座を開設する必要があります。

世界の株にまるごと投資するのが資産形成の基本ですが、すでに日本株（個別株や日本に投資する投資信託）を保有している人は(2)の日本を除く世界株に投資するインデックスファンドや、(3)の先進国株に投資するインデックスファンドだけを積み立てていくという選択肢もあります。繰り返しになりますが、ｉＤｅＣｏだけでなく、金融資産全体で考えましょう。

(2)の日本を除く世界株に投資するインデックスファンドも、iDeCoで取り扱う金融機関（運営管理機関）は限られていて、それほど多くありません。

一方、(3)の先進国株に投資するインデックスファンドはほぼすべての金融機関（運営管理機関）で取り扱っています。ただし、同じ株価指数に連動する投資信託であれば、運用管理費用（信託報酬）が低いほうがのぞましいです。最近は運用管理費用（信託報酬）が年0・1％台という超低コストの商品もでてきています。加えて、安定的に純資産総額（投資信託の資産残高のこと）がふえているかも確認しましょう。

ここまでインデックスファンドの例を挙げましたが、インデックスファンドに加えて、アクティブファンドを取り扱う金融機関もあります。iDeCo以外の口座でインデックスファンドをたくさん保有している、お目当てのアクティブファンドがiDeCoでも買えるので買いたいという方もいるかもしれません。例えば、次ページの図3－7のように、全世界の株に投資する投資信託や、日本株に投資する投資信託を一部アクティブファンドで保有するという選択肢もあります。

アクティブファンドは、投資哲学や投資先の会社を選ぶ基準やプロセス、中身、運用実績などを調べたうえで、共感・納得できる投資信託であることが大前提です。交付目論見書や月次レポートをしっかり確認しましょう。

そこまで調べるのは難しいという場合には低コストで分散されたインデックス投信を購入すれば十分です。

図3-7 アクティブ投信を保有する

バランス型ファンド選びのポイント

株式に投資する投資信託は長期的に価値が向上していくとしても、短期的には価格が大きく変動することもあります。

例えば、企業型ＤＣで運用してきた人が50代で独立したり、転職したりして企業型ＤＣに加入し続けることができず、ｉＤｅＣｏに移換するようなケースもあります。「運用期間がそれほど長くない（引き出す時期が比較的近い）」「値動きをもう少しマイルドにしたい」という場合は、株式だけでなく、債券やＲＥＩＴ（上場不動産投資信託）などを組み合わせたバランス型を持つという選択肢もあります。

バランス型の投資信託とは、株式だけ、あるいは債券だけというひとつの資産だけではなく、株式や債券、ＲＥＩＴなど、複数の資産で運用する投資信託のことをいいます。投資する地域や資産（株や債券など）、投資する割合などは商品によって異なります。

代表的なのは、株式に投資する部分を資産全体の30%、50%、70%などと決めた3本の投資信託から投資家が選択するタイプのものです。リスクが高くてもリターンを高めたければ株式に70%投資するものを、あまりリスクはとりたくないけれど多少株式にも投資したい場合は株式に30%投資するものを選べば、基本的なポートフォリオを1本でつくれます。洋服でいえば、細かくサイズをはかるオーダーメイドではなく、S、M、Lといった3つくらいのサイズから自分の体型にもっとも近いものを選ぶという感じでしょうか。

最近は、このように、決まった資産配分を維持する「固定配分」のバランス型投資信託とは異なるタイプもふえてきました(図3-8)。

例えば、株価が上がったり、急落したりといった相場環境に応じて、資産配分を機動的に変更する「TAA(タクティカル・アセット・アロケーション)型」の投資信託や、将来のある時点をめざして株式の比率を一定のルールに沿って「自動的に」リスクを下げていく「ターゲットイヤー型」の投資信託などです。

3タイプのバランス型の中では、運用管理費用(信託報酬)の低い、固定配分のバランス型を選択するのが無難です。過去のリスク水準*を参考にしながら、運用期間が長くとれるのであれば、株式比率の高い投資信託を選択しましょう。

企業型DCからiDeCo、あるいはiDeCoから企業型DCに資産を移す場合には、一度運用してきた資産が現金化されます。また、何歳まで働くか、何歳まで運用するか、ということは将来変わる可能性もあります。ターゲットイヤー型の投資信託で〝将来のある時点〟に向けてリスクを下げていく、と無理に決めてしまう必要はないかもしれませんね。

＊過去にどのくらい価格が変動したかを数値（リスク・標準偏差）でチェックしておきましょう。数値の2倍は価格が上下に変動するというふうにイメージしてください。

図3-8　バランス型にもいろいろある

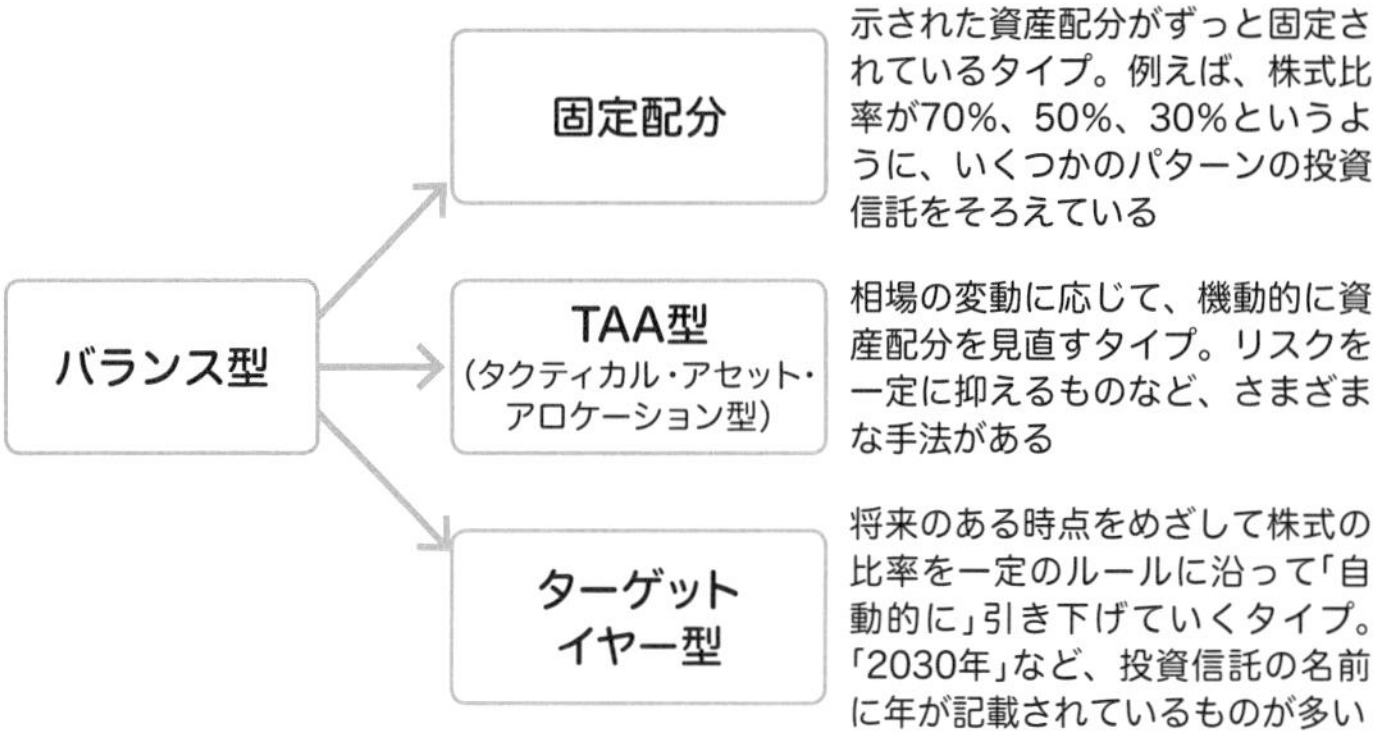
バランス型
固定配分
示された資産配分がずっと固定されているタイプ。例えば、株式比率が70%、50%、30%というように、いくつかのパターンの投資信託をそろえている
TAA型
(タクティカル・アセット・アロケーション型)
相場の変動に応じて、機動的に資産配分を見直すタイプ。リスクを一定に抑えるものなど、さまざまな手法がある
ターゲットイヤー型
将来のある時点をめざして株式の比率を一定のルールに沿って「自動的に」引き下げていくタイプ。「2030年」など、投資信託の名前に年が記載されているものが多い

最後に注意点を。最近は、株価が上がったり、急落したりといった相場環境に応じて、資産配分を機動的に変更するタイプのバランス型投資信託や、その時々に話題になっているテーマに投資するタイプの投資信託（手数料も高い）などをラインアップに加える金融機関（運営管理機関）もでてきています。

ｉＤｅＣｏは、長期にわたって老後資金をコツコツつくっていく制度です。基本は低コストのインデックスファンドを活用して世界の株に投資していく、あるいは運用期間がそれほど長くない人やリスクを抑えたい人などは低コストのバランス型（固定配分）を保有するのが基本です。

長期的な視点で運用していくことが第一で、「相場に応じて機動的に」とか、「ＡＩ（人工知能）」とか「社会、環境にやさしい」など、耳ざわりのよい言葉だけで選んでしまうのは避けたいものです。

運用する商品を選ばないとどうなるの？

iDeCoに加入するときに「何を」「どの割合で買うか」という指示をださないとどうなるでしょうか(図3－9)。

iDeCoでは、加入申し込みをするときに商品や割合を指定する運用指図書を提出することが多いのですが、これが未提出でも加入はできます。口座を開設後に、専用Webサイトにログインして「どの商品を」「どの配分で」購入していくかを指定すれば問題ありません。しかし、3カ月以上にわたって掛金の配分設定をしないと、2週間以上の「猶予期間」を経て、金融機関ごとに決められた商品で運用がスタートされます(指定運用方法といいます)。以前は定期預金が多かったのですが、最近はターゲットイヤー型の投資信託などで運用されることも(第4章では代表的な金融機関の例を挙げていますが、指定運用方法についても記載しています)。自分で、商品と配分割合を決めてしっかり運用しましょう。

図3-9 **商品や配分割合を指定しないと?**

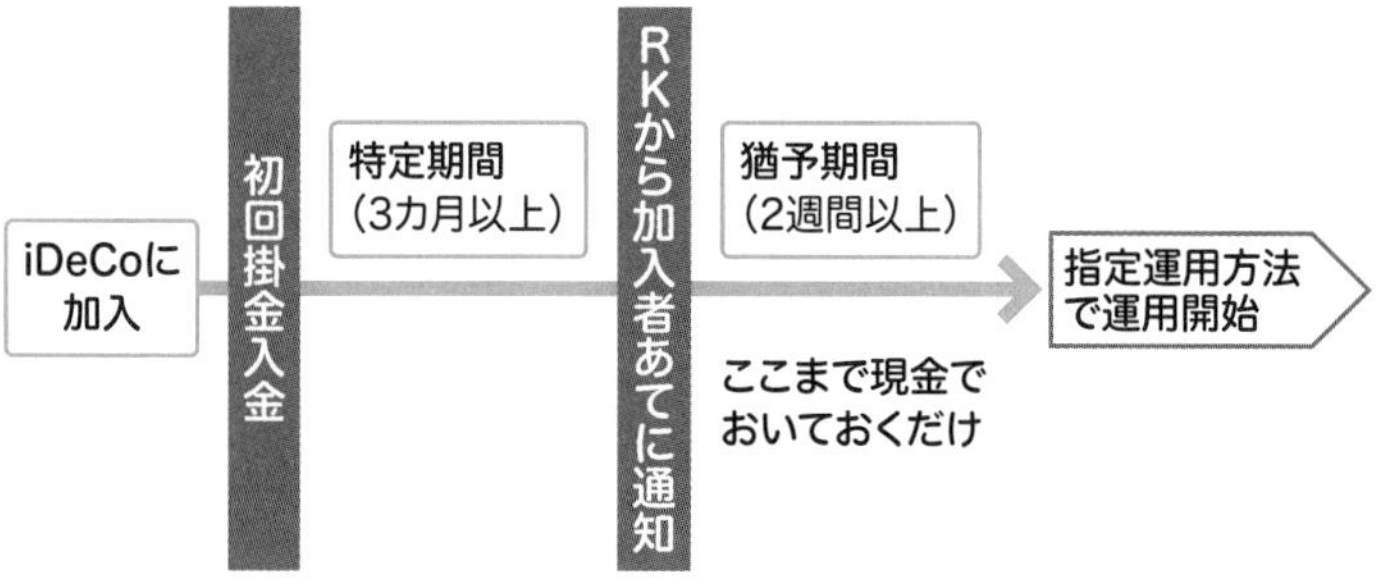

＊RKは記録関連運営管理機関のこと。JIS&T（日本インベスター・ソリューション・アンド・テクノロジー）、NRK（日本レコード・キーピング・ネットワーク）、SBIベネフィット・システムズ、損保ジャパンDC証券の4社

過去に積み立てをしていたらどうなったか？

では、投資信託を活用して、過去に毎月積み立てを行っていたとしたら、どうなっていたでしょうか。

株式に100％投資していた場合

図3－10は世界の代表的な株価指数（日本を含む世界株式、先進国株式、新興国株式）に20年積み立て投資をした結果を示しています。いま60歳の人が40歳からｉＤｅＣｏに加入し、20年間積み立てを行ってきたイメージです。

実際に株価指数に直接投資することはできませんが、わかりやすく説明するため、そのまま用いています。グラフは一定の運用コストを差し引いているため*、それぞれの株価指数に連動するインデックスファンドを積み立てた場合とほぼ同じと考えてよいでしょう。連動する株価指数によって投資対象や値動きは異なります。

毎月1万円ずつ積み立て投資をすると、積み立て元本は20年で２４０万円になりま

図3-10 世界の主な株価指数に20年間積立投資をした結果

●毎月1万円を積み立てた場合（2001年～2020年）

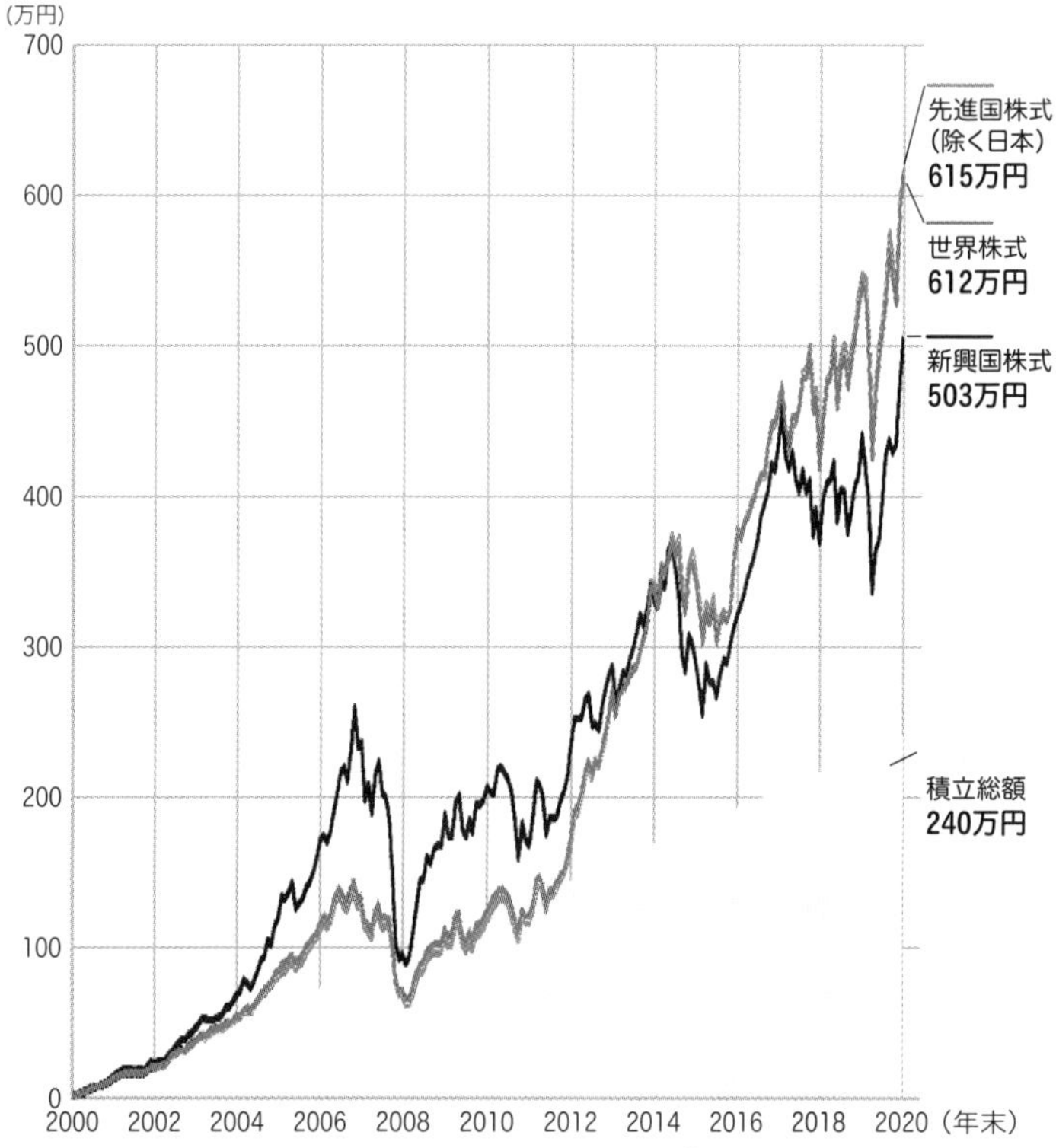

Copyright ©2021 Ibbotson Associates Japan,Inc.

※運用コストとして2020年12月末時点のイボットソン・アソシエイツ・ジャパンの分類に基づく各資産の平均信託報酬率（日本籍公募投信の信託報酬の純資産総額加重平均値）を全期間に対して控除。運用コスト（年率）は先進国株式（除く日本）：0.7%、新興国株式：1.5%、世界株式：0.2%。

※税金、及びリバランスに係る費用等の取引コストは考慮していない。利息・配当等は再投資したものとして計算している。

〈出所〉先進国株式（除く日本）：MSCIコクサイ（グロス、円ベース）、新興国株式：MSCIエマージング（グロス、円ベース）、世界株式：MSCI ACWI（グロス、円ベース）、運用コスト：Morningstar Direct

す。例えば、2020年12月末まで日本を含む世界株式に積み立て投資をした場合、投資したお金は612万円にふえました。同様に、日本を除く先進国株に積み立て投資した場合には615万円に、新興国株に積み立て投資した場合には503万円になりました。

＊2020年12月末時点のイボットソン・アソシエイツ・ジャパンの分類に基づく各資産の平均信託報酬率（日本籍公募投信の信託報酬の純資産総額加重平均値）を運用コストとして全期間に対して控除しています。

◎株式と債券を組み合わせて積み立てた場合

株式だけでなく、債券を組み合わせるとどうなるでしょうか。

図3－11は株式と債券を組み合わせて20年積み立てを行った場合の運用成果を示しています。組み合わせは株式70％と債券30％、株式50％と債券50％、株式30％と債券70％の3タイプで、いずれも国内と海外の比率は半々です。株式と債券にまとめて投資するバランス型の投資信託を積み立てる、あるいは自分で株式と債券に投資する投資信託を組み合わせる場合を想定しています。

結果はどうだったでしょうか。毎月1万円を20万円積み立てると、積立元本は240万円になります。3つの組み合わせで積み立てを行った結果は次の通りです。

図3-11 株式と債券の比率70:30、50:50、30:70の3つのポートフォリオ

●毎月1万円を積み立てた場合(2001年〜2020年)

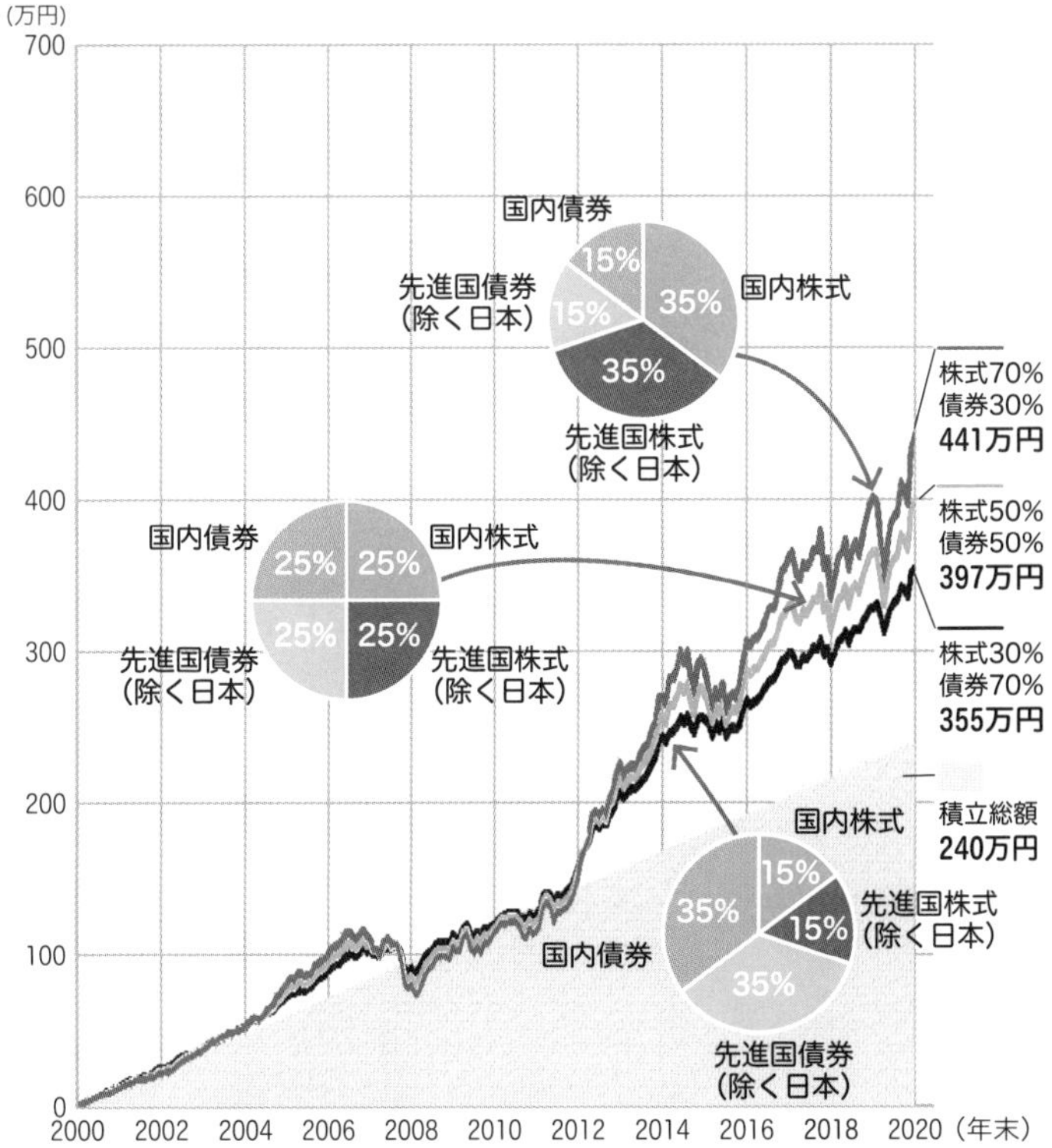

※運用コストとして2020年12月末時点のイボットソン・アソシエイツ・ジャパンの分類に基づく各資産の平均信託報酬率(日本籍公募投信の信託報酬の純資産総額加重平均値)を全期間に対して控除。運用コスト(年率):国内株式:1.1%、国内債券:0.6%、先進国株式(除く日本):0.7%、先進国債券(除く日本):1.1%。

※税金、及びリバランスに係る費用等の取引コストは考慮していない。利息・配当等は再投資したものとして計算している。

〈出所〉国内株式:配当込みTOPIX、先進国株式(除く日本):MSCIコクサイ(グロス、円ベース)、国内債券:野村BPI総合、先進国債券(除く日本):FTSE世界国債(除く日本、円ベース)、運用コスト:Morningstar Direct

・株式70%と債券30%⇒441万円
・株式50%と債券50%⇒397万円
・株式30%と債券70%⇒355万円

組み合わせによって値動きは異なりますが、いずれも積み立て総額を上回る結果となっています。株式の比率が高いほうが資産はふえていますが、その分価格の変動は大きくなります。それでも119ページの図3-10のように株式に100%投資した場合と比べると値動きはマイルドです（その分、株式100%に比べてお金のふえ方もゆるやかです）。

図3-10と図3-11をみると、長期的に資産は右肩上がりにふえていますが、元本を下回り、資産額が大きく減った時期もありました。また、積み立て投資を始めてから数年間は投資元本が少ないため、積立額に対する運用の影響はそれほどありませんが、長期になると資産が積み上がってくるため価格変動の影響が大きくなるのがわかります。こうしたことを踏まえたうえで、株式だけに投資をするのか、他の資産を組み合わせるのかを検討してください。

運用を始めたら、あとは淡々と積み立てる

商品や配分割合を決めたら、あとは淡々と積み立てを継続しましょう。毎日毎日、チェックする必要はありません。1年に1回程度、定期的に自分の資産状況を確認しましょう。

ただ、きっかけがないと、なかなかチェックしないかもしれません。ｉＤｅＣｏに加入していると、金融機関（運営管理機関）から運用状況に関するレポート「取引状況のお知らせ」が少なくとも年に1回届きます。これをみると、購入している商品や資産配分のほか、直近の時価評価額や損益状況などがわかるので、レポートが届いたときに資産状況をチェックするきっかけにしてもよいですね。ふだんから加入口座にログインすれば、時価評価額などを確認することはできるので、時期を決めて定点観測してもよいでしょう。

その際、ｉＤｅＣｏだけではなく、金融資産全体、もっというと資産、負債を含めた家計全体を把握しておくと安心です（１６４ページの第４章の章末コラム参照）。

配分割合の変更とスイッチング

運用をスタートしたあとですが、金融資産全体で調整すればよいので、ｉＤｅＣｏ口座の中はそれほど手を加えなくてもＯＫです。ただ、「別の商品を積み立てたい」とか、給付（受け取り）時期が近づいてきたので、値動きの小さい投資信託や定期預金に預け替えたい人もいるかもしれません。

そこで、これから積み立てていく商品を変更する、もしくは、これまで購入してきた商品を解約して別の商品を購入するにはどうしたらよいかを説明しておきます。ｉＤｅＣｏは口座内で商品の預け替えができるのが特徴であり、よいところです。

配分割合を変更する

配分割合変更とは、これから毎月の掛金で買い付けていく、

- 商品
- 割合

を変更することです。毎月の掛金で購入している商品を変えたり、その比率を変更したりすることをいいます。

例えば、今、毎月2万円の掛金で商品Aを100%（2万円）で買い付けているとします。これから積み立てていく分を商品Bに変更したいと思った場合には、配分割合を変更して、商品Bを100%（2万円）というふうに変更すると、これから先の掛金で毎月商品Bを買い付けていくことになります（図3－12）。

加入している金融機関（運営管理機関）のサイトにログインし、「配分割合」から「商品」「割合」を変更します。

図3-12 配分割合を変更する

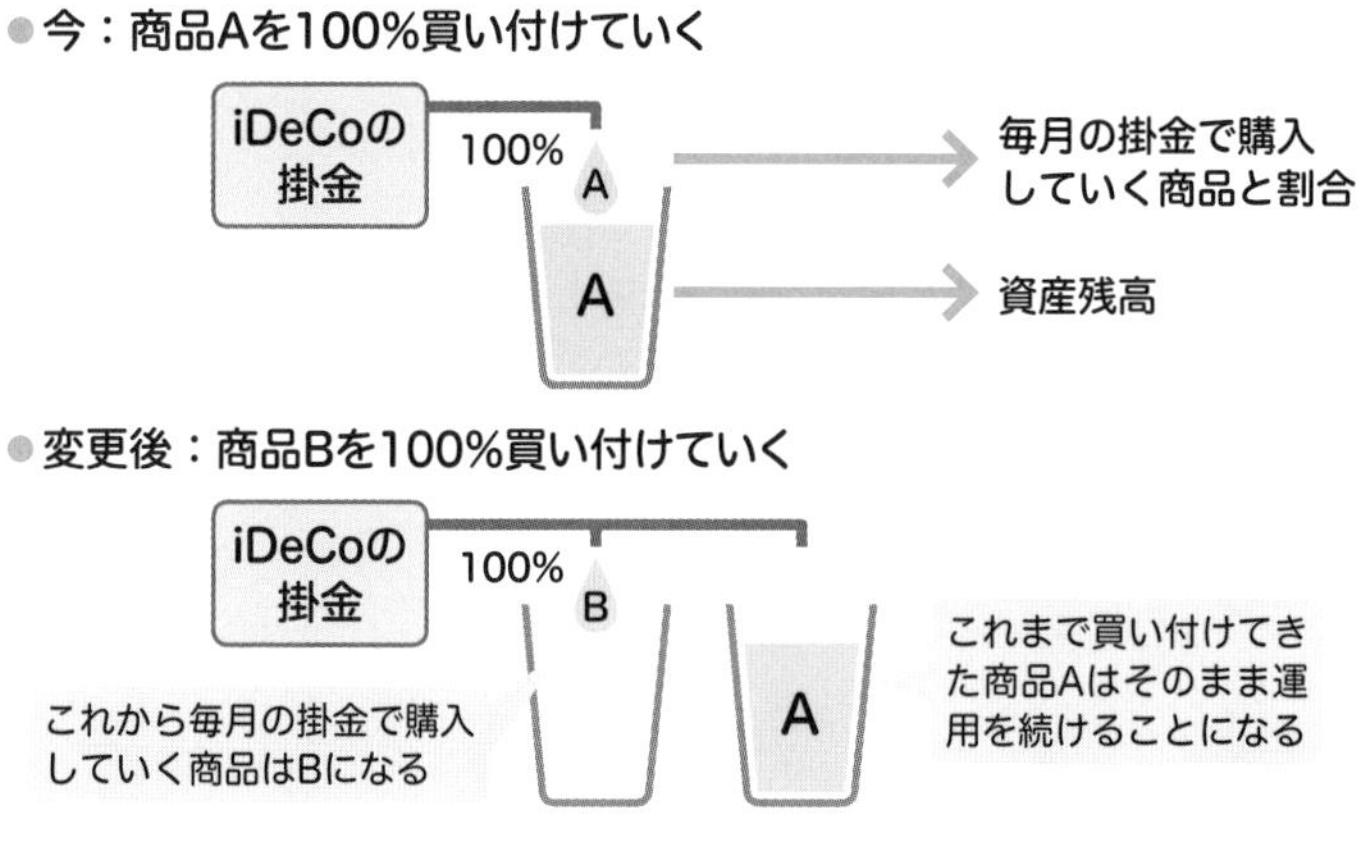

配分割合の変更は、あくまでも「今後」積み立てる資産の配分を変更するだけです。図3－12のケースではこれから毎月の掛金で買い付けていくのは商品Bだけになりますが、今まで積み上げてきた資産についてはそのままです。これまで積み立てで購入してきた、商品Aはそのまま保有することになり、運用が続きます（価格も変動します）。これまで購入してきた分も解約して商品Bにしたい場合は、預け替え（スイッチング）が必要です。

預け替え（スイッチング）を行う

預け替え（スイッチング）とは、これまで積み立ててきた商品の残高の一部または全部を解約して、他の商品を購入する（預け替える）ことをいいます。

解約する商品とその金額を指定すると同時に、新しく購入する商品を指定します。

iDeCoの口座では資産を現金のままにおいておくことができないため、ある商品を解約したら、それとセットで新しい商品を購入する（預ける）必要があります。

例えば、商品Aをすべて解約して、商品Bに預け替えることもできますし（図3－13の上）、商品Aを解約して商品Bと商品Cを50％ずつ購入することも可能です（図

図3-13 預け替え（スイッチング）を行う

●1つの商品を解約して別の商品に預け替え

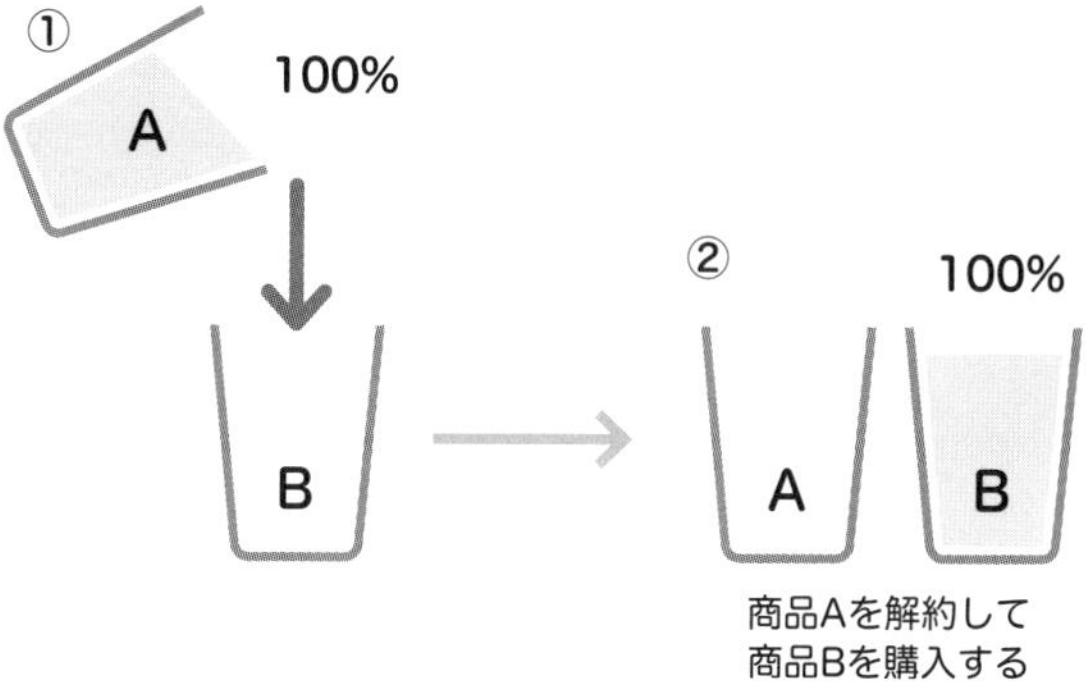

●1つの商品から2つの商品に預け替え

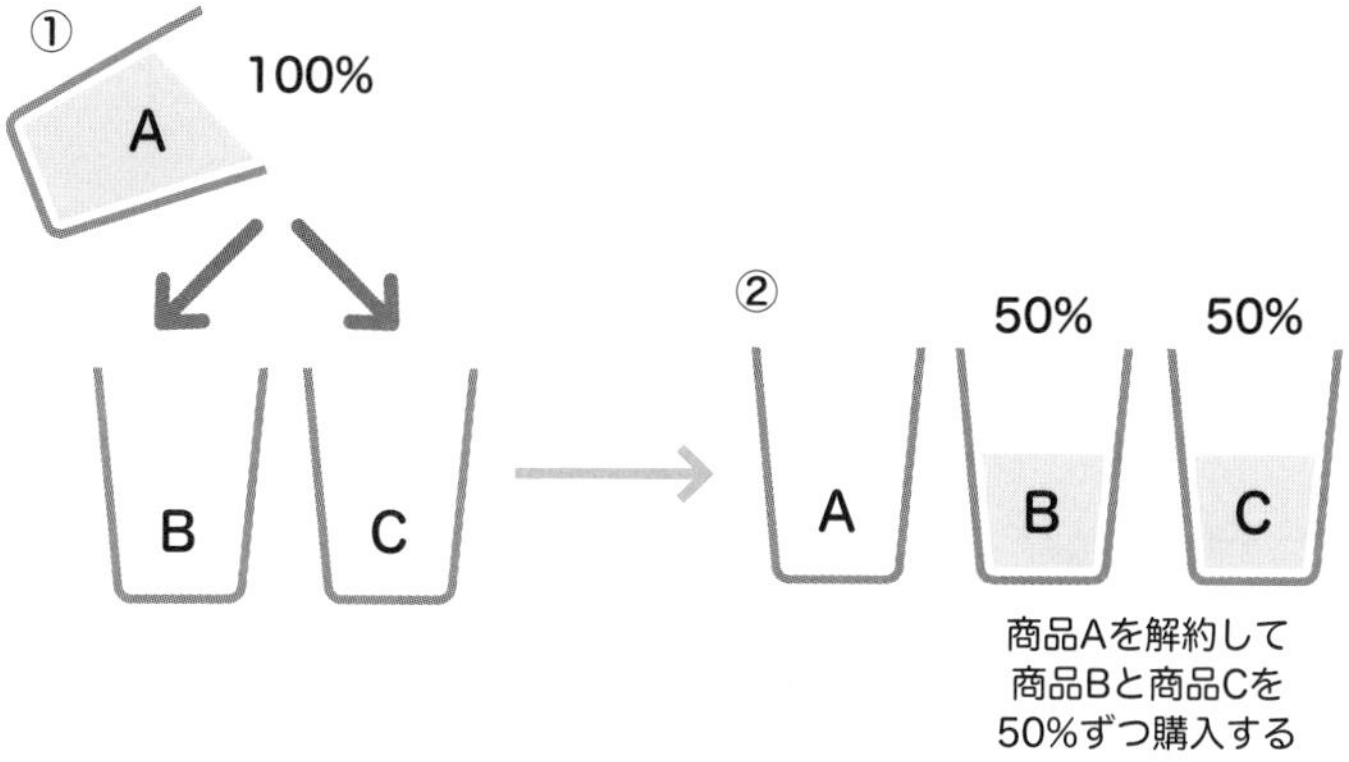

3－13の下）。あるいは商品Aを一部だけ解約して他の商品に預け替えることも可能です。

出口を意識。受け取り時期や受け取り方法に応じた運用に

ｉＤｅＣｏで運用を続けていく場合、最終的な目標は「老後資金として使う」ことです（死亡一時金や障害給付金としても受け取れますが、やはり元気に楽しく使いたいものです）。そこで、50代半ばくらいになったら、受け取り時期や受け取り方法についてイメージしましょう。ｉＤｅＣｏの受け取り方については第5章でくわしく解説しますが、受け取る時期や方法（一括か年金かなど）によって、終盤における運用方法は変わってきます。

例えば、「○歳のときに一時金で受け取りたい」「公的年金を受け取る前に5年で受け取る（年金）」という場合には、受け取り時期を意識する必要があります。受け取り

時の相場変動の影響を受けないように、運用期間の〝終点〟が近づいてきたら、リスクの小さい（値動きの小さい）投資信託や、定期預金などの元本確保型の商品に預け替えていくことも検討しましょう。

一方、年金形式で長期間かけて細く長く受け取っていく、という場合には、元本確保型に預け替えることはせずに、ある程度リスクをとって投資信託で運用しながら取り崩していくということも考えられます。その場合、値動きの大きい投資信託だと、1回当たりの受取額の幅が大きくなり、値動きの小さい投資信託だと1回当たりの受取額の幅が小さくなります。

ただ、いろいろ配慮したとしても、資産を預金や保険商品に移す前に（つまり、投資信託の保有比率が高いときに）大きく株価が下落するようなことがあって、資産が大幅に減ってしまうという事態も起こりえます。そんなときは慌てずに、60歳以降も運用を継続しましょう。加入者でなくなったあとも、運用自体は70歳（2022年4月以降は75歳）になるまで続けることができるので、相場が回復するのを待つことも可能です。

受け取り時の選択肢については、第5章でくわしく解説しています。それをお読みいただいたあとで、再度この部分を読み返していただくとよいかもしれません。

最後にまとめると、

- **定期預金100%ではもったいない。未来のために「最初だけ」ひと手間かけよう**
- **金融資産全体で考えて、期待されるリターンが高いもので運用しよう**
- **運用期間が十分にとれるなら、株式に投資する投資信託を中心に据える**
- **運用をスタートしたら、あとは淡々と積み立てる（年に1回くらいは定点チェック）**
- **受け取り時期が近づいてきたら、時期や受け取り方に応じて運用方法を検討する**

です。

コラム

iDeCoとつみたてNISAをどう使い分ける?

本書のテーマであるiDeCoとつみたてNISAはどう使い分けたらよいでしょうか。

2つの制度の違いを図3-14にまとめました。iDeCoについては本書でくわしく解説していますので、つみたてNISAの概要を説明しておきます。

つみたてNISAは「年間40万円」の範囲内で、主に投資信託を積み立てていくと、「最長20年」にわたって、受け取る(普通)分配金や解約したときの利益が非課税になるという制度です。購入できる商品は一定の条件を満たしたものに限定されています。具体的には、株式に投資する投資信託や、株式を含むバランス型が対象で、債券やREIT(上場不動産投資信託)だけに投資するものは購入できません。幅広く分散された商品が中心で、購入時手数料は無料(ノーロードといいます)、保有中にかかる運用管理費用(信託報酬)には上限が設定されています。

さて、使い分けですが、余裕があれば、両方利用することをおすすめします。どちらかひとつを使う場合には、目的や属性によって優先度が異なります。

原則60歳までお金を引き出せないiDeCoは「老後のため」という目的がはっきりし

図3-14 **iDeCoとつみたてNISAの違い**

		つみたてNISA	iDeCo
対象者		日本に住む、20歳以上の人 (23年からは18歳以上の人)	60歳未満の国民年金加入者 (22年5月からは65歳未満の国民年金加入者)
最低積立額(月)		100円から＊1	5000円から＊2
投資上限額(年)		40万円	14.4万～81.6万円
対象商品		一定の条件を満たした投資信託とETF	預金、保険、投資信託
税制上の優遇	拠出／購入時	なし	掛金が全額控除
	運用時	運用益は非課税	運用益は非課税＊3
	給付時	なし	原則課税 (退職所得控除や公的年金等控除が適用)
引き出し		いつでもOK	原則60歳以降
非課税で運用できる期間		最長20年	70歳になるまで (22年4月からは75歳になるまで)

＊1 金融機関によって異なる　＊2 毎月拠出した場合　＊3 特別法人税が凍結されている

ています。退職給付制度が手厚くない（企業年金が導入されていない、退職一時金が少ない）会社にお勤めの会社員や、公的年金が国民年金のみ（40年加入して受取額は年間約78万円程度）で退職金がない自営業・フリーランスの方などは優先的に活用してほしいと思います。また、厚生年金の適用を受けていない（国民年金にしか加入していない＝国民年金の第1号被保険者）パートタイム労働者など短時間勤務の人も同様です。

退職一時金や企業年金のある会社員や公務員の方、とくに金額の多い人はiDeCoに加入するなら、最終的に積み上げてきた資産をどう受け取るか、具体的には（退職金や企業年金などもあるので）受け取る順番や受け取り方などに留意する必要があります。また、国民年金の第3号被保険者のように所得控除の恩恵がない場合には、iDeCoよりもつみたてNISAを優先的に使いましょう。

なお、第5章の205ページから①～⑦のタイプごとにiDeCoを利用するメリットと注意点をまとめています。

一方、つみたてNISAは万能型です。いつでも解約できるので、誰でも、どんな用途でも利用できます。長期に積み立て投資をして老後資金の一部に充ててもよいですし、必要なときに解約して他の用途（教育費や住宅の取得など）に使うことも可能です。投資信託は全部解約することも、一部解約することもできます。ただし、投資ですから、数年後に必要な資金の運用には向きません。

こうした特徴を踏まえて、利用を検討しましょう。

第4章

金融機関はどう選べばいいの？

金融機関に口座を開設する

ｉＤｅＣｏに加入するには、「自分で」窓口となる金融機関（運営管理機関）を選んで口座を開設する必要があります。

金融機関選びのポイントについて説明する前に、まずはどのような機関がどうかかわっているのかを整理しておきます。ｉＤｅＣｏは確定拠出年金法という法律に基づいて、国民年金基金連合会（国基連）が主体となって運営していますが、それ以外にもいろいろな機関がかかわっているからです。図４－１にそれぞれの役割をまとめました。

加入の申し込みを行う先は図のⒶ運用関連運営管理機関、またはⒷ受付金融機関です。具体的には、Ⓐにあたるのはネット証券や大手証券会社のほか、銀行（都市銀行や地方銀行）、生命保険会社、損害保険会社、信用金庫、労働金庫（労金）などです。

Ⓐ運用関連運営管理機関は資産運用の専門家として、運用商品の選定や提示を行い

図4-1 いろいろな機関がかかわっている

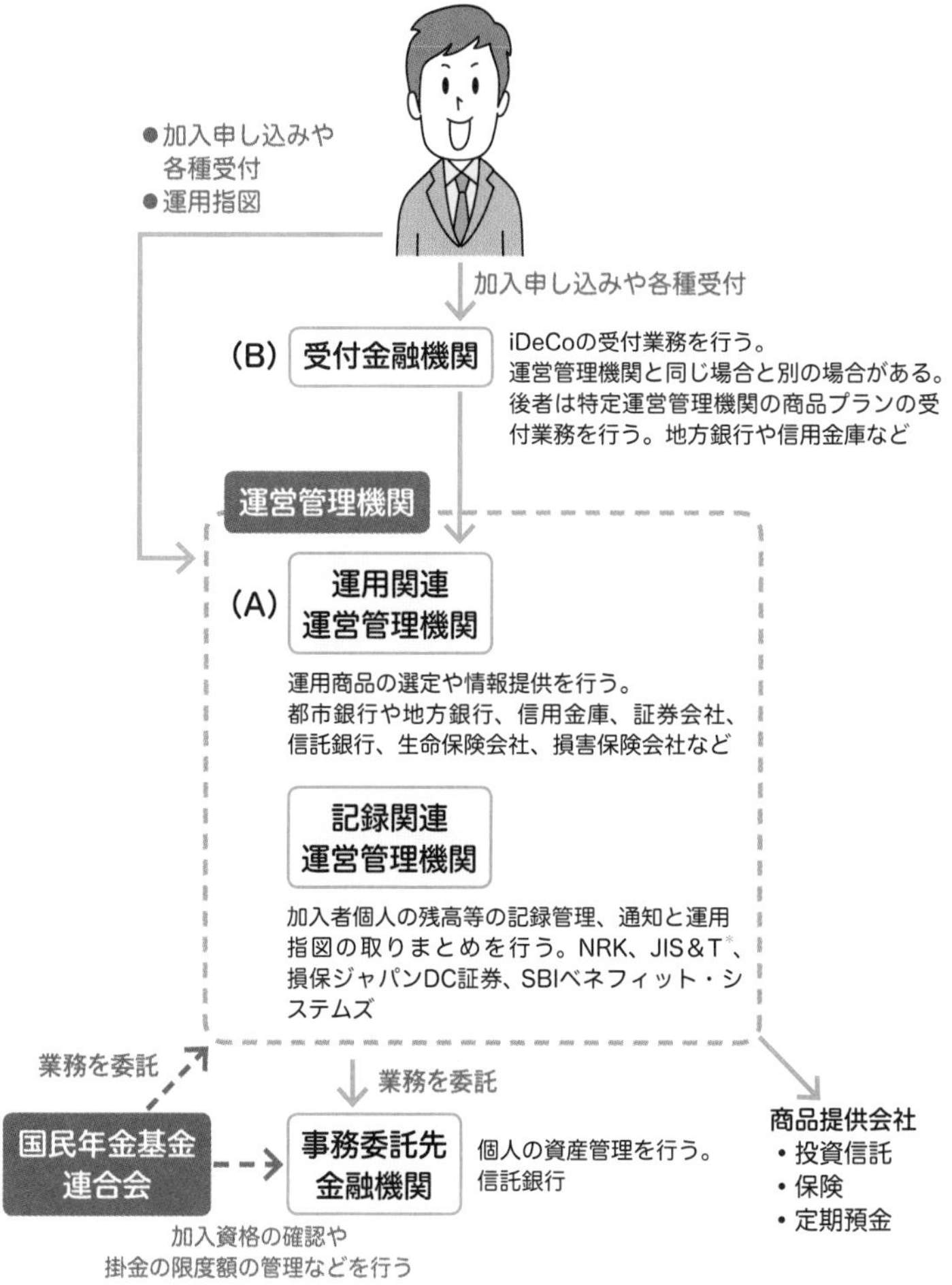
●加入申し込みや各種受付
●運用指図
加入申し込みや各種受付
(B) 受付金融機関
iDeCoの受付業務を行う。運営管理機関と同じ場合と別の場合がある。後者は特定運営管理機関の商品プランの受付業務を行う。地方銀行や信用金庫など
運営管理機関
(A) 運用関連運営管理機関
運用商品の選定や情報提供を行う。都市銀行や地方銀行、信用金庫、証券会社、信託銀行、生命保険会社、損害保険会社など
記録関連運営管理機関
加入者個人の残高等の記録管理、通知と運用指図の取りまとめを行う。NRK、JIS&T*、損保ジャパンDC証券、SBIベネフィット・システムズ
業務を委託
業務を委託
国民年金基金連合会
加入資格の確認や掛金の限度額の管理などを行う
事務委託先金融機関
個人の資産管理を行う。信託銀行
商品提供会社
・投資信託
・保険
・定期預金

＊NRK：日本レコード・キーピング・ネットワーク、JIS&T：日本インベスター・ソリューション・アンド・テクノロジー

ます。そして、加入者の立場に立って商品選定を行う義務＝忠実義務を課されています。ここまで、本書で金融機関と記載してきたのは、この(A)のことをさしています。

それ以外にも、運営管理機関の受付窓口となって申し込みを受け付けている金融機関が(B)受付金融機関です。地方銀行のほか、信用金庫などが含まれます。

◎金融機関選びを慎重にしたい理由

本書冒頭でｉＤｅＣｏは国の法律に基づいて行われる、自助努力型の制度だというお話をしました。そのため、どの金融機関（運営管理機関）に加入してもあまり変わらないと思っている人もいます。けれど、それは誤解です。「加入者が掛金を払って、預金や保険、投資信託などで運用する」という大枠のしくみは同じですが、取り扱う商品や、口座を開設してから継続的にかかる費用（口座管理手数料）、利便性・サービスなどは金融機関によって異なります。

ｉＤｅＣｏの口座を開設できるのは１人ひとつの金融機関です。口座を開設したあとに金融機関を変更することはできますが、時間を要しますし、手間もかかります。

例えば、銀行Aから証券会社Bに資産を移す(移換といいます)には、1カ月から2カ月以上かかることもあります。また、移換する場合、運用していた投資信託をそのまま持ち運ぶことはできず、そのときの評価額で一度現金化されます。口座を開設していた金融機関と、移換先の金融機関で同じ商品を扱っていたとしても同様です。

iDeCoは原則60歳までお金を引き出すことができません。おのずと長いお付き合いになるわけですから、金融機関の選択は慎重に行いたいものです。

なお、企業型DC加入者がiDeCoに同時加入する場合、企業型DCで加入している金融機関と同じ金融機関を選ぶ必要はありません。離職や転職によって企業型DCの資産をiDeCoに移換する場合も同様です。

iDeCoで口座を開設できる金融機関は200以上あります。そこで、次の3つのポイントで、金融機関選びを考えていきましょう(図4－2)。

ひとつずつ、みていきましょう。

(1)口座管理手数料

ひとつ目は手数料です。iDeCoに加入すると、さまざまな手数料がかかります。図4−3にまとめました。

○加入するとき

まず、iDeCoに新規に加入するときに、国民年金基金連合会に口座開設の手数料を支払います。これが2829円です。*加入者は初回の掛金からこの金額が差し引かれます。

企業型DCなどからiDeCoに資産を移換する場合も同様に手数料がかかります。移換時手数料といい、同額の2829円かかり

図4-2　金融機関選びのポイント

図4-3 iDeCoに加入するとかかる手数料*1

●加入するとき（1回だけ）：加入時手数料

どこに	いくら	
国民年金基金連合会	2829円	……各社共通*2

●加入中（毎月）：口座管理手数料

どこに	いくら	
国民年金基金連合会	月額105円*3	……各社共通
事務委託先金融機関	月額66円	……各社共通
運営管理機関	0円〜月額600円程度	⇒金融機関によって異なる

●給付時（振込の都度）：給付事務手数料

どこに	いくら	
事務委託先金融機関	440円／1回	……各社共通

●移換時手数料

どこに	いくら
運営管理機関	0円または4440円

＊1 手数料はすべて税込
＊2 一部の運営管理機関では手数料を上乗せするところもある
＊3 掛金の払い込みが行われる月のみ徴収される

ます。こちらは移換するときに資産から差し引かれます。

＊大部分の金融機関はこの金額だけですが、一部の運営管理機関ではそれにプラスして手数料をとるところもあります。数値は2021年11月末時点。

◎加入している間

そして、加入後にずっとかかるのが口座管理手数料です。毎月、国民年金基金連合会＊、事務委託先金融機関、運営管理機関に対してそれぞれ支払われます。その3つを合計した金額が負担する金額となります。

口座管理手数料は金融機関（運営管理機関）ごとに異なります。毎月171円（年額2052円）というところから、高いところでは月額589円（年額7068円）まであり、高いところと安いところでは約3・5倍の開きがあります。

これは、それぞれの金融機関が自由に手数料を設定できるためです。国民年金基金連合会や事務委託先金融機関に対して支払う金額はそれぞれ月額105円、月額66円と同じなので、運営管理機関に支払う手数料に応じて口座管理手数料の総額が変わってきます。

図4－4に、口座管理手数料が比較的安い金融機関の例を挙げました。

SBI証券や楽天証券、マネックス証券、松井証券などネット証券のほか、野村證券や大和証券、そして、イオン銀行（受付金融機関）などは月額171円です。これは自社、つまり運営管理機関の取り分を0円としているためです。また、みずほ銀行などのように一定の条件を満たすと、口座管理手数料が月額171円になる設定にしているところもあります。

＊国民年金基金連合会の手数料は掛金を払わない月は徴収されません。毎月ではなく、年1回や2回というように掛金を拠出する回数が少ないとこれよりも手数料は低くなります。また、2019年12月の「社会保障審議会企業年金・個人年金部会における議論の整理」では国民年金基金連合会の手数料について、各種制度改正へのシステム対応や事務手続きの効率化、加入者数の見通しに基づいて定期的に見直していくとしています。

口座管理手数料は、掛金と別に支払うわけではなく、毎月の掛金から差し引かれる形になっています。つまり、私たちが毎月の掛金を支払うと、掛金から口座管理手数料が差し引かれ、残った金額で自分が選んだ運用商品を買い付けていくわけです。

例えば、企業年金のない会社員の人が、上限額である毎月2万3000円の掛金を支払って、投資信託を購入していくとします。この場合、掛金2万3000円から

図4-4 各運営管理機関の口座管理手数料には幅がある

	加入時手数料	口座管理手数料（月額）
SBI証券	2829円	171円
楽天証券	2829円	171円
マネックス証券	2829円	171円
松井証券	2829円	171円
イオン銀行	2829円	171円
三井住友銀行（みらいプロジェクト）	2829円	171円
野村證券	2829円	171円
大和証券	2829円	171円
〈参考〉銀行A	2829円	490円
〈参考〉銀行B	2829円	589円

＊手数料はすべて税込。毎月、掛金を払う場合

月額の差が数百円でも、
何十年先を考えると
その差は大きい

図4-5 口座管理手数料の差＝預金や投資に回すお金の差

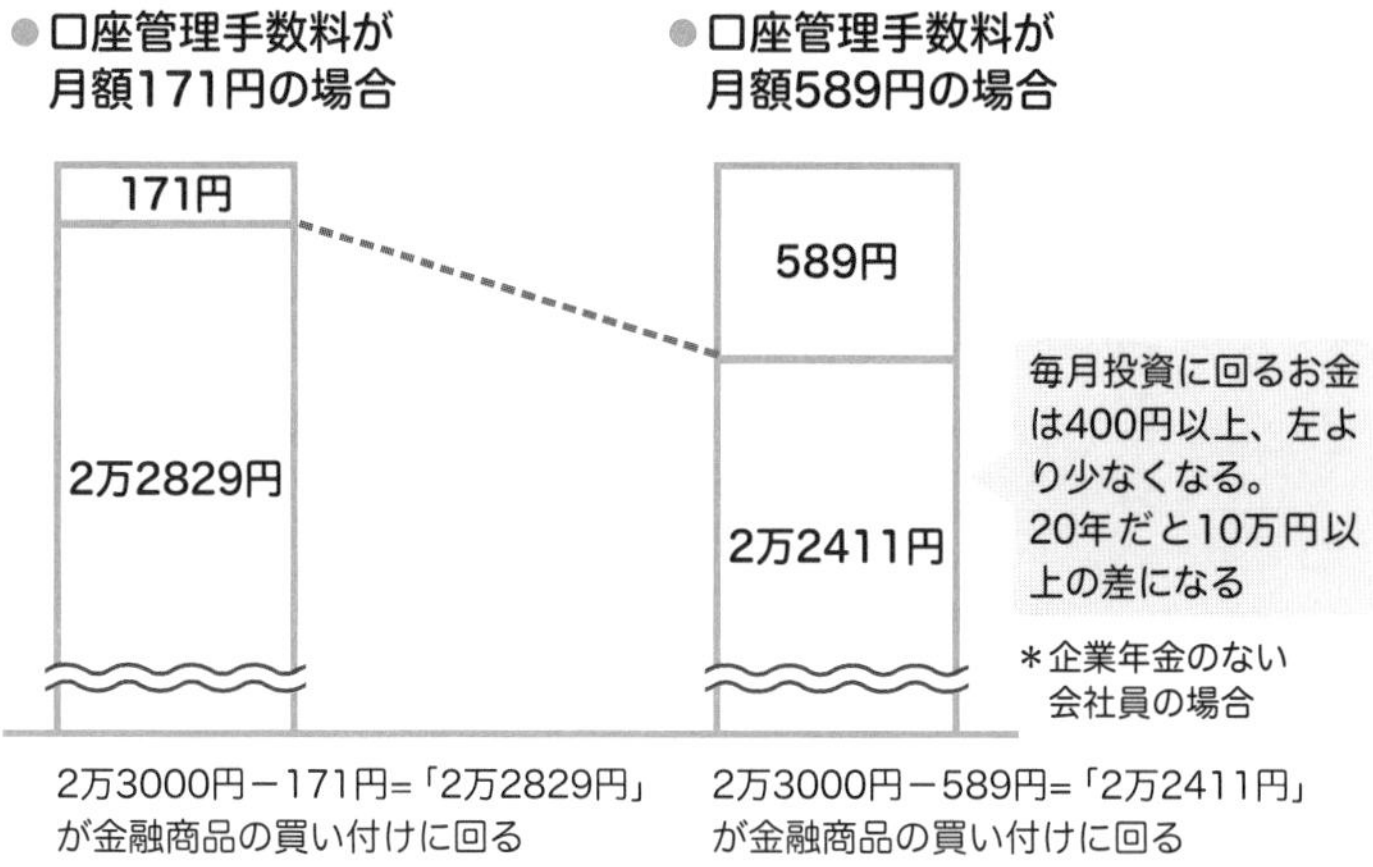
●口座管理手数料が
月額171円の場合
●口座管理手数料が
月額589円の場合
171円
2万2829円
589円
2万2411円
毎月投資に回るお金は400円以上、左より少なくなる。
20年だと10万円以上の差になる
＊企業年金のない
会社員の場合
2万3000円－171円=「2万2829円」
が金融商品の買い付けに回る
2万3000円－589円=「2万2411円」
が金融商品の買い付けに回る

月々の口座管理手数料を差し引いた金額で、金融商品を買い付けます。そのため、同じ投資信託を購入するなら、口座管理手数料として差し引かれる金額が少ないほうが、たくさんの口数＊を買い付けられます（図4－5）。毎月のことなので、長期間では大きな差になります。

＊投資信託には取引を行うときの単位があり、それを「口（くち）」といいます。

また、新たな掛金は払わずに資産の運用だけを行う（=運用指図者となる）場合でも、毎月の口座管理手数料は発生します。その場合、事務委託先金融機関に支払う月額66円のみというところが多いです。

◎給付されるとき

運用してきたお金を受け取る場合も、手数料がかかります。振込の都度、手数料がかかり、1回当たり440円です。

◎資産を移すとき

他の金融機関（運営管理機関）に資産を移す場合や、企業型DCに資産を移す場合に移換時手数料がかかる金融機関もあります。SBI証券や楽天証券、マネックス証券、大和証券などはでていくときに4440円がかかります。

iDeCoに加入しても、短期間で再び企業型DCに戻る可能性が高い場合は移換時手数料のない金融機関を選択したほうがよいです。

◎還付されるとき

そのほか、還付手数料がかかる場合があります。還付とはiDeCoの掛金額の上限を上回って支払われた掛金や、加入資格のない月に拠出された掛金を加入者に返すことをいいます。

離職や転職などで掛金の上限額が変わったのに届け出をしていない（届け出が遅れた）、あるいは離職や売上の低下などにより国民年金の免除申請などを行うと、その間はiDeCoで掛金を払うことはできなくなります。還付は1回当たり1488円＊かかるため、変更等があった場合には迅速に手続きを行うようにしましょう（第6章227ページでも触れています）。

＊一部金融機関では手数料を上乗せするところもあります。

(2)商品の品ぞろえ

次に確認したいのは「取り扱う商品」です。iDeCoでは、加入者本人が掛金で「どの金融商品を」「どういう割合で」購入していくかを指定する必要があります。各金融機関（運営管理機関）では、定期預金や保険、投資信託といった商品を提供していますが、商品の種類や本数などはそれぞれ異なります。

さて、第3章を読んで、だいたいでもよいので、運用方針は決まりましたか？　世界の会社の株にまとめて投資したいと考えているなら、投資信託の中でも、株式型の品ぞろえがカギになります。そして、第3章の108ページにあったように、世界の株式に投資する場合にも、(1)から(3)のタイプがありました。

例えば、タイプ(1)の1本で日本を含む全世界の株式に投資できるインデックスファンドを積み立てていきたいなら、ＳＢＩ証券や楽天証券、マネックス証券、松井証券などが候補になります。

タイプ(2)の日本を除く世界株を積み立てたいなら、ＳＢＩ証券「セレクトプラン」や松井証券、三井住友銀行のｉＤｅＣｏ「標準コース」などで取り扱いがあります。タイプ(1)と(2)については図４－６に商品例と取り扱い金融機関をまとめたので、参考にしてください。

その他の金融機関では、タイプ(3)になります。つまり、日本株や先進国株、新興国株のインデックスファンドなどを組み合わせることになります。例えば、先進国株のインデックスファンドについてはほとんどの金融機関で取り扱っています。ただし、繰り返しになりますが、取り扱うインデックスファンドの保有中にかかる運用管理費

図4-6 世界の株にまとめて投資できる商品例

●日本を含む世界の株に投資できる投信例

商品例（運用会社）	運用管理費用（信託報酬、税込）	取り扱いのある運営管理機関
eMAXIS Slim全世界株式（オール・カントリー）（三菱UFJ国際投信）	年0.1144%	マネックス証券、松井証券
SBI・全世界株式インデックス・ファンド（愛称：雪だるま〈全世界株式〉）（SBIアセット・マネジメント）	年0.1102%程度*	SBI証券（セレクトプラン）
楽天・全世界株式インデックス・ファンド（楽天・バンガード・ファンド〈全世界株式〉）（楽天投信投資顧問）	年0.132%*	楽天証券、松井証券

＊投資対象とする投信の報酬を加味した実質的な負担額（税込・概算）を記載

●日本を除く世界の株に投資できる投信例

商品例（運用会社）	運用管理費用（信託報酬、税込）	取り扱いのある運営管理機関
eMAXIS Slim全世界株式（除く日本）（三菱UFJ国際投信）	年0.1144%	SBI証券（セレクトプラン）、松井証券
三井住友・DCつみたてNISA・全海外株インデックスファンド（三井住友DSアセットマネジメント）	年0.275%	三井住友銀行（標準コース）、ジャパン・ペンション・ナビゲーター、住友生命保険 など

用（信託報酬）は異なります。残高の推移とともに必ず確認してください。

ここまで株式に投資する投資信託をみてきましたが、「運用期間がそれほど長くない（引き出す時期が比較的近い）」「値動きをもう少しマイルドにしたい」場合はバランス型も選択肢になります。その場合、運用管理費用（信託報酬）が低く、シンプルな固定配分のバランス型投資信託の取り扱いがあるかどうかを確認しましょう。株価が上がったり、急落したりといった相場環境に応じて、資産配分を動的に変更する「TAA（タクティカル・アセット・アロケーション）型」の投資信託や、将来のある時点をめざして株式の比率を一定のルールに沿って「自動的に」リスクを下げていく「ターゲットイヤー型」の投資信託しか取り扱いのない金融機関はおすすめしません。

そのほか、お目当てのアクティブファンドがある場合には、取り扱いがあるかどうかを確認しましょう。一般の販売会社で取り扱っているものと同じ投資信託が、iDeCoでは運用管理費用（信託報酬）が低く抑えられている場合もあります。

(3) 利便性やサービス

最後に、使い勝手やサービスについても、確認しておきましょう。ｉＤｅＣｏではＷｅｂサイトやコールセンター、金融機関の窓口などのチャネルを通して、口座開設などを行います。

ネットをよく利用する人は、Ｗｅｂでの情報が充実しているか、必要な機能があるか、などを比較するとよいでしょう。例えば、資産配分例が掲載されていたり、シミュレーション機能があったりすると便利です。長いお付き合いの中では電話で問い合わせをする場合もあるでしょう。コールセンターの受付時間を確認するとともに、口座開設前に不明点があれば電話で問い合わせをしてみてもいいかもしれません。

窓口で加入手続きをしたい場合には、店舗で書類の配布や口座開設を受け付けているかを調べてみてください。

ポータルサイトを活用する

自分でイチから資料を取り寄せて、すべての金融機関（運営管理機関）を比較・検討するのは容易ではありません。そこで、活用したいのがポータルサイトです。「ｉＤｅＣｏ（個人型確定拠出年金）ナビ」（運営はＮＰＯ法人 確定拠出年金教育協会）では、金融機関の手数料や取扱商品などが記載されていて、比較・検討が簡単にできます（図4－7）。投資信託はカテゴリー（資産クラス）別の本数のほか、具体的な商品の一覧（投資信託名や信託報酬の表示もあり）もみられます。ｉＤｅＣｏの加入を検討している人や、企業型ＤＣからの移換を考えている人には参考になります。

また、投資信託の評価会社モーニングスターのサイトにある「個人型確定拠出年金ｉＤｅＣｏ総合ガイド」では、金融機関の比較のほか、投資信託のくわしい情報（リスクやリターン、手数料など）を確認できます。商品ごとに積立投資を行った結果なども視覚的にみられます。

図4-7 **iDeCoナビ**

https://www.dcnenkin.jp/

もっとも、金融機関の口座管理手数料や、取扱商品は変更されることもあります。本書やポータルサイトなどを参考にしつつ、必ず加入前にご自身で最新情報を確認してください。

最後に、１５４ページから金融機関（運営管理機関）の例を挙げました。取り扱う商品や口座管理手数料、受け取り方の選択肢、特徴などをまとめましたので、参考にしてください。

●主な手数料(税込)

	支払先	加入者	運用指図者
加入時・移換時手数料(初回のみ)	国民年金基金連合会	2829円	2829円
口座管理手数料(毎月)	国民年金基金連合会	105円	–
	信託銀行	66円	66円
	SBI証券	0円	0円
	合計	171円	66円

給付手数料	信託銀行	440円(振込の都度)

移換時手数料	SBI証券	4400円＊

＊オリジナルプランからセレクトプランへの変更は無料(現金化はされる)
＊その他、1回の還付につき2148円の手数料がかかる

●指定運用方法

SBIグローバル・バランス・ファンド

●給付

受取方法	一時金、年金、一時金と年金の組み合わせ (一時金の割合は10%から80%まで10%刻みで指定できる)
年金の受取期間	5年、10年、15年、20年から選択
年金の受取回数	年1回、2回、4回、6回から選択

●特徴

- 窓口対応：なし
- 「確定拠出年金ニュースレター」年2回(春・秋)発行
- 加入者向けオンライン・リアル投資教育セミナーあり
- コールセンター受付時間：平日8時～17時、土日8時～17時＊

＊土日(年末年始・祝日を除く)は新規加入に関するお問い合わせのみ受付

SBI証券「セレクトプラン」

運用関連運営管理機関：SBI証券／記録関連運営管理機関（RK）：SBIベネフィットシステムズ

		国内	海外
投資信託	株式	○SBI・全世界株式インデックス・ファンド（愛称：雪だるま〔全世界株式〕） ○EXE-i　グローバル中小型株式ファンド ●セゾン資産形成の達人ファンド	
投資信託	株式	○eMAXIS Slim 国内株式（TOPIX） ○〈購入・換金手数料なし〉ニッセイ日経平均インデックスファンド ●ひふみ年金 ●野村リアルグロース・オープン（確定拠出年金向け） ●つみたて椿（愛称：女性活躍応援積立ファンド） ●SBI中小型割安成長株ファンド ジェイリバイブ〈DC年金〉	○eMAXIS Slim 全世界株式（除く日本） ○eMAXIS Slim 先進国株式インデックス ○〈購入・換金手数料なし〉ニッセイ外国株式インデックスファンド ○eMAXIS Slim 米国株式（S&P500） ○iFree NYダウ・インデックス ○インデックスファンド 海外株式ヘッジあり（DC専用） ○eMAXIS Slim 新興国株式インデックス ●農林中金〈パートナーズ〉長期厳選投資 おおぶね ●ラッセル・インベストメント 外国株式ファンド（DC向け） ●朝日Nvestグローバル バリュー株オープン（愛称：Avest-E） ●ハーベスト アジア フロンティア株式ファンド
投資信託	株式・債券	○eMAXIS　Slimバランス（8資産均等型）* ○iFree年金バランス ○SBIグローバル・バランス・ファンド ○セゾン・バンガード・グローバルバランスファンド ○セレブライフ・ストーリー2025／2035／2045／2055	
投資信託	債券	○eMAXIS Slim 国内債券インデックス	○eMAXIS Slim 先進国債券インデックス ○インデックスファンド 海外債券ヘッジあり（DC専用） ○iFree　新興国債券インデックス ●SBI-PIMCO 世界債券アクティブファンド（DC）
投資信託	リート他	○〈購入・換金手数料なし〉ニッセイＪリートインデックスファンド	○三井住友・DC外国リート インデックスファンド ●三菱UFJ純金ファンド（愛称：ファインゴールド）
預金		あおぞらDC定期（1年）	

○はパッシブ運用、●はアクティブ運用の投資信託。＊はREITを含む

●主な手数料（税込）

	支払先	加入者	運用指図者
加入時・移換時手数料（初回のみ）	国民年金基金連合会	2829円	2829円
口座管理手数料（毎月）	国民年金基金連合会	105円	−
	信託銀行	66円	66円
	楽天証券	0円	0円
	合計	171円	66円

給付手数料	信託銀行	440円（振込の都度）

移換時手数料	楽天証券	4400円

＊その他、1回の還付につき1488円の手数料がかかる

●指定運用方法

楽天・インデックス・バランス（DC年金）

●給付

受取方法	一時金、年金、一時金と年金の組み合わせ （一時金の割合は10％から90％まで10％刻みで指定できる）
年金の受取期間	5年以上20年以下（1年刻みで指定できる）
年金の受取回数	年1回、2回、3回、4回、6回、12回から選択

●特徴

- 窓口対応：なし
- 証券口座と同じログインIDとパスワードで管理できる
- 投資初心者向けオンラインセミナーを適宜開催（証券口座と共通）
- コールセンター＊受付時間：平日10時〜19時、休日９時〜17時（年末年始除く）

＊楽天証券カスタマーサービスセンターがHDI-Japanが実施する「問合せ窓口格付け」「Webサポート格付け」で三つ星を受賞

楽天証券

運用関連運営管理機関：楽天証券／記録関連運営管理機関(RK)：JIS&T (日本インベスター・ソリューション・アンド・テクノロジー)

投資信託	国内	海外
株式	○楽天・全世界株式インデックス・ファンド(楽天・バンガード・ファンド〈全世界株式〉) ●セゾン資産形成の達人ファンド	
株式	○三井住友・DCつみたてNISA・日本株インデックスファンド ○たわらノーロード 日経225 ●iTust 日本株式 ●MHAM 日本成長株ファンド〈DC年金〉 ●フィデリティ・日本成長株・ファンド ●コモンズ30ファンド	○たわらノーロード 先進国株式 ○インデックスファンド海外新興国(エマージング)株式 ○楽天・全米株式インデックス・ファンド(楽天・バンガード・ファンド〈全米株式〉) ●ラッセル・インベストメント外国株式ファンド(DC向け) ●iTust 世界株式
株式・債券	○セゾン・バンガード・グローバルバランスファンド ○楽天・インデックス・バランス(DC年金) ●三井住友・DC世界バランスファンド(動的配分型)* ●三菱UFJ　DCバランス・イノベーション(KAKUSHIN) ●投資のソムリエ〈DC年金〉* ●楽天ターゲットイヤー2030/2040/2050	
債券	○たわらノーロード 国内債券 ●明治安田DC日本債券オープン	○たわらノーロード 先進国債券 ○たわらノーロード 先進国債券(為替ヘッジあり) ○インデックスファンド海外新興国(エマージング)債券(1年決算型) ●みずほUSハイイールドファンド〈DC年金〉
リート	○三井住友・DC日本リートインデックスファンド ●野村J-REITファンド(確定拠出年金向け)	○三井住友・DC外国リートインデックスファンド
その他	●ステート・ストリート・ゴールドファンド(為替ヘッジあり)	

預金
・みずほDC定期預金(1年)

○はパッシブ運用、●はアクティブ運用の投資信託。＊はREITを含む

●主な手数料(税込)

	支払先	加入者	運用指図者
加入時・移換時手数料(初回のみ)	国民年金基金連合会	2829円	2829円
口座管理手数料(毎月)	国民年金基金連合会	105円	−
	信託銀行	66円	66円
	マネックス証券	0円	0円
	合計	171円	66円

給付手数料	信託銀行	440円(振込の都度)

移換時手数料	マネックス証券	4400円

＊その他、1回の還付につき1488円の手数料がかかる

●指定運用方法

マネックス資産設計ファンド〈育成型〉

●給付

受取方法	一時金、年金、一時金と年金の組み合わせ (一時金の割合は10%から90%まで10%刻みで指定できる)
年金の受取期間	5年以上20年以下(1年刻みで指定できる)
年金の受取回数	年1回、2回、3回、4回、6回、12回から選択

●特徴

- 窓口対応：なし
- iDeCo専用ロボ・アドバイザー機能
- コールセンター受付時間：平日9時～20時、土曜日9時～17時(日祝、年末年始除く)

マネックス証券

運用関連運営管理機関：マネックス証券／記録関連運営管理機関：JIS&T（日本インベスター・ソリューション・アンド・テクノロジー）

投資信託	国内	海外
株式	○eMAXIS Slim 全世界株式（オール・カントリー）	
株式	○One DC 国内株式インデックスファンド ○DCニッセイ日経225インデックスファンドA ○iFree JPX 日経400インデックス ●日興アクティブバリュー ●スパークス・新・国際優良日本株ファンド ●ひふみ年金 ●SBI中小型割安成長株ファンド ジェイリバイブ〈DC年金〉	○eMAXIS Slim 先進国株式インデックス ○eMAXIS Slim 新興国株式インデックス ○たわらノーロード NYダウ ○eMAXIS Slim 米国株式（S&P500） ○iFree NEXT NASDAQ100　インデックス ●朝日Nvestグローバル バリュー株オープン ●ラッセル・インベストメント 外国株式ファンド（DC向け）
株式・債券（バランス）	○eMAXIS Slim バランス（8資産均等型）* ○マネックス資産設計ファンド〈育成型〉 ●ラッセル・インベストメント・グローバル・バランス　安定成長型	
債券	○三菱UFJ国内債券インデックスファンド（確定拠出年金）	○eMAXIS Slim 先進国債券インデックス ○たわらノーロード 先進国債券（為替ヘッジあり） ○iFree 新興国債券インデックス
リート	○DCニッセイJ-REITファンドA ●野村J-REITファンド（確定拠出年金向け）	○三井住友・DC外国リート インデックスファンド
その他	●ゴールド・ファンド（為替ヘッジあり）	

預金　・みずほDC定期預金（1年）

○はパッシブ運用、●はアクティブ運用の投資信託。＊はREITを含む

● 主な手数料（税込）

	支払先	加入者	運用指図者
加入時・移換時手数料（初回のみ）	国民年金基金連合会	2829円	2829円
口座管理手数料（毎月）	国民年金基金連合会	105円	–
	信託銀行	66円	66円
	運営管理機関	0円	0円
	合計	171円	66円

給付手数料	信託銀行	440円（振込の都度）

移換時手数料	イオン銀行	0円

● 指定運用方法

イオン・バランス戦略ファンド（愛称：みらいパレット）

● 給付

受取方法	一時金、年金、一時金と年金の組み合わせ （一時金の割合は10％から90％まで10％刻みで指定できる）
年金の受取期間	5年以上20年以下（1年刻みで指定できる）
年金の受取回数	年1回、2回、4回、6回から選択

● 特徴

- 窓口対応：あり（制度・商品説明。土日・祝日も相談・申し込み可能）
- SMART　FOLIO〈DC〉（組み合わせの診断）を利用可
- コールセンター受付時間：平日9時～21時、土日・祝日・振替休日9時～17時（GW、年末年始除く）

イオン銀行

受付金融機関：イオン銀行、運用関連運営管理機関：みずほ銀行、記録関連運営管理機関：JIS&T（日本インベスター・ソリューション・アンド・テクノロジー）

投資信託		国内	海外
	株式	○One DC　国内株式インデックスファンド ●ひふみ年金 ●フィデリティ・日本成長株・ファンド	○たわらノーロード　先進国株式 ○DIAM　新興国株式インデックスファンド〈DC年金〉 ●ピクテ・グローバル・インカム株式ファンドDC ●フィデリティ・米国優良株・ファンド ●フィデリティ・欧州株・ファンド
	株式・債券（バランス）	○マイバランス30/50/70（確定拠出年金向け） ○たわらノーロードバランス(8資産均等型)* ●イオン・バランス戦略ファンド(愛称：みらいパレット)* ●投資のソムリエ(ターゲット・イヤー2035/2045/2055)*	
	債券	○たわらノーロード　国内債券	○たわらノーロード　先進国債券 ○たわらノーロード　先進国債券〈為替ヘッジあり〉 ○三菱UFJ新興国債券インデックスファンド
	リート	○たわらノーロード　国内リート	○たわらノーロード　先進国　リート
	その他	○iシェアーズ　ゴールドインデックス・ファンド(為替ヘッジなし)	

預金　・イオン銀行iDeCo　定期預金5年

○はパッシブ運用、●はアクティブ運用の投資信託。＊はREITを含む

●主な手数料(税込)

	支払先	加入者	運用指図者
加入時・移換時手数料(初回のみ)	国民年金基金連合会	2829円	2829円
口座管理手数料(毎月)	国民年金基金連合会	105円	–
	信託銀行	66円	66円
	野村證券	0円	0円
	合計	171円	66円

給付手数料	信託銀行	給付1回につき440円

移換時手数料	野村證券	0円

*その他、1回の還付につき1488円の手数料がかかる

●指定運用方法

マイターゲット2030/2035/2040/2045/2050/2055/2060/2065(確定拠出年金向け)

*生年月日に応じて自動的に選択

●給付

受取方法	一時金、年金、一時金と年金の組み合わせ (一時金の割合は10%から90%まで10%刻みで指定できる)
年金の受取期間	5年以上20年以下(1年刻みで指定できる)
年金の受取回数	年1回、2回、3回、4回、6回、12回から選択

●特徴

- 窓口対応:あり(全国の本支店)。申し込みはWeb(電子申込)でも可能。
- 月1回、加入者サイトなどで3種類(運営管理機関からのお知らせ・マーケット情報・iDeCoに関する豆知識等)の情報を提供
- 加入者向けオンラインセミナーあり(2、3カ月に1回実施)
- 給付前後の相談受付として「給付専用」ダイヤルを開設
- コールセンター受付時間:平日9時~20時、土日9時~17時(祝日・年末年始を除く)
  *HDI-Japanが提供するサポートサービスの格付け調査で「問い合わせ窓口(電話)」「Webサポート」「クオリティ」の3部門で最高評価の三つ星獲得に加え、五つ星認証プログラムの基準をクリア

野村證券

運用関連運営管理機関：野村證券／記録関連運営管理機関（RK）：JIS&T（日本インベスター・ソリューション・アンド・テクノロジー）

		国内	海外
投資信託	株式	○野村DC国内株式インデックスファンド・TOPIX ○野村日経225インデックスファンド（確定拠出年金向け） ●リサーチ・アクティブ・オープン（確定拠出年金向け） ●ひふみ年金 ●スパークス・厳選投資ファンド（確定拠出年金向け） ●世の中を良くする企業ファンド（野村日本株ESG投資）（確定拠出年金向け）	○野村DC外国株式インデックスファンド・MSCI-KOKUSAI ○野村新興国株式インデックスファンド（確定拠出年金向け） ○野村世界ESG株式インデックスファンド（確定拠出年金向け） ●キャピタル世界株式ファンド（DC年金つみたて専用） ●フィデリティ・グローバル・エクイティ・オープンB（為替ヘッジなし・確定拠出年金向け） ●ティー・ロウ・プライス世界厳選成長株式ファンド（確定拠出年金向け）
投資信託	株式・債券（国内・海外）	○マイバランスDC30/50/70 ○マイターゲット2030/2035/2040/2045/2050/2055/2060/2065（確定拠出年金向け） ●野村DC運用戦略ファンド（マイルド）* ●野村DC運用戦略ファンド*	
投資信託	債券	○野村DC国内債券インデックスファンド・NOMURA-BPI総合	○野村DC外国債券インデックスファンド ○野村新興国債券インデックスファンド（確定拠出年金向け） ●野村DC・PIMCO・世界インカム戦略ファンド（為替ヘッジあり）
投資信託	リート他	●野村J-REITファンド	○野村世界REITインデックスファンド（確定拠出年金向け）
預金		・セブン銀行確定拠出年金専用定期預金５年	

○はパッシブ運用、●はアクティブ運用の投資信託。＊はREITを含む

コラム

金融資産をまとめて管理、育てていこう

長い目でお金を育てていくには全体を俯瞰することが大切です。常に2つの視点で考えていきましょう。

ひとつは23ページにもでてきた三角形の図です。お金を考えるときに必ずイメージしてほしい図で、下から「公的保障」「企業内保障」、そして、「自分で準備する分」を調べていく形になります。これを資産形成に当てはめると「公的年金保険」「退職給付」そして「自分で準備するお金」ということになります。

もうひとつはバランスシート（B／S）です（図4－8）。バランスシートはある時点において「どのくらい資産を持っているか」「どのくらい負債（借金）があるか」を書きだしたので、それぞれそのときの時価を記載します。総資産から総負債を差し引いた純資産（正味財産）がどの程度なのかを把握するのに役立ちます。

左側に資産、右側に負債を記入します。資産は預金や株式、投資信託などの金融資産と、土地や建物といった固定資産に分かれます。このとき、金融資産のところに、別枠で「年金資産」を記入することをおすすめします。年金資産とは、今は引き出せないけれど、将

図4-8 **見える化：バランスシート（資産・負債）**

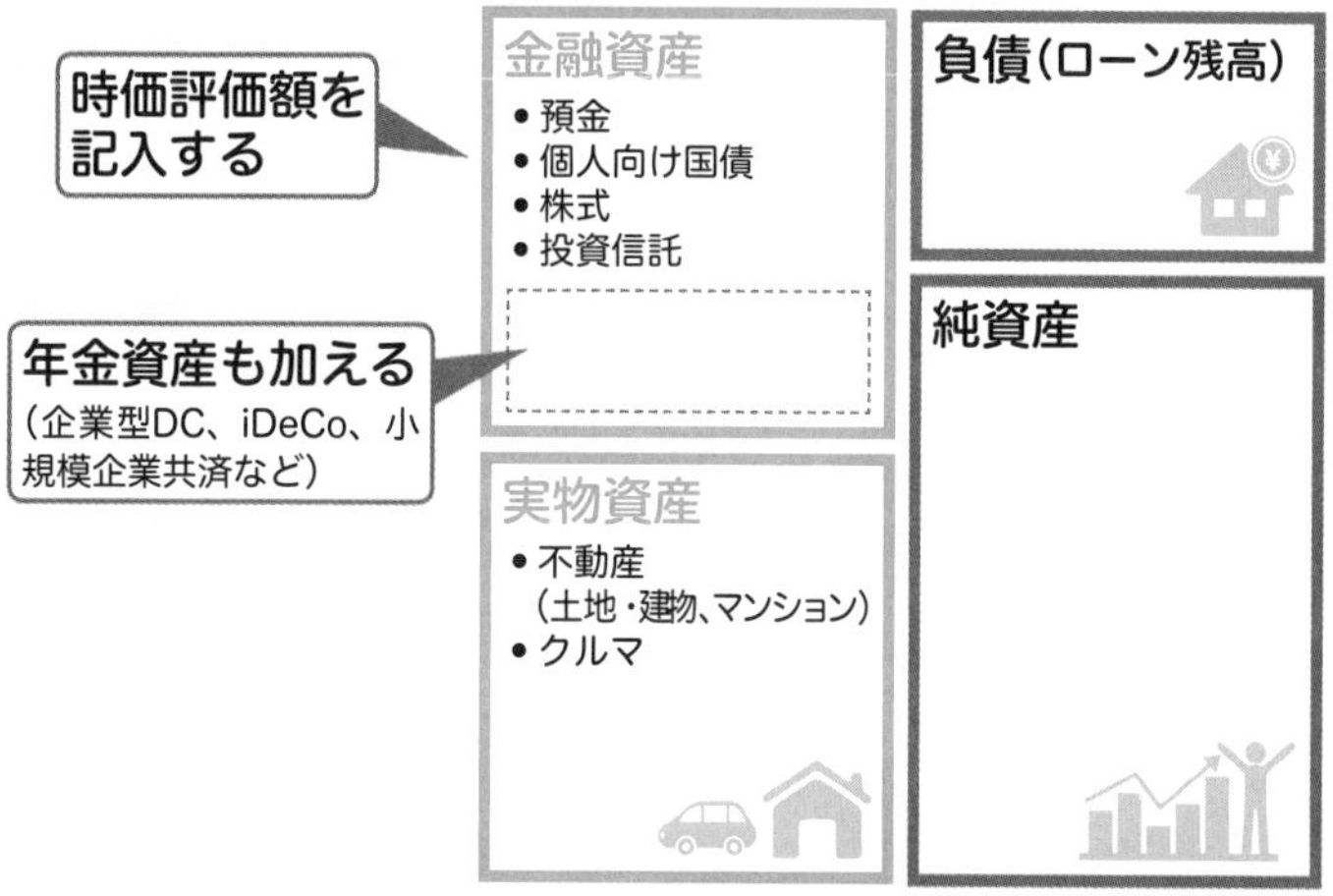

来受け取る分として積み上がっている資産のことをさします。例えば、退職給付（退職一時金や企業年金）のほか、自分で準備しているｉＤｅＣｏなどがこれにあたります。

家計簿アプリのマネーフォワードなどでは、金融機関を連携させることで、自動的にバランスシートが作成できるので、そうしたツールを活用してもいいでしょう。

私たちはともすると、「ｉＤｅＣｏだけ」というように、ある部分のみに注目して何に投資するかを考えがちですが、資産や負債は俯瞰してみることが大事です。

バランスシートをつくることで「ｉＤｅＣｏを含めて」金融資産はどんな投資対象（日本株式や先進国株式、預金など）にどのくらいおいてあるか、運用益が非課税になる口座に期待リターンの高い資産クラスが割り振られているか、株式部分の変動が大きくても、金融資産全体でみるとそれほどでもないな――などがわかります。

また、住宅ローンを組んで返済を始めたばかりの人はマッチング拠出やｉＤｅＣｏにお金を回すよりも、その分を繰上げ返済にあてて利息を減らしたほうがトク、という場合もあります。

バランスシートをつくることでリスク管理もしやすくなるはずです。定期的にバランスシートをつくって、定点観測。リタイアまでに負債ゼロ、金融資産を大きく育てることを目指しましょう。

第5章

運用してきたお金をどう受け取るか

老齢給付金を受け取る方法は3種類

第5章では、運用してきたお金をどう受け取ったらよいかを考えていきます。

ｉＤｅＣｏはお金の受け取り方を柔軟に選択できる特徴があります。60歳から70歳（2022年4月以降は75歳）になるまでの間で、「いつから受け取りを開始するか」「一時金と年金のどちらを選ぶか」「年金と一時金を組み合わせる場合に割合をどうするか」「年金で受け取る場合には受取期間や受取回数をどうするか」などを、老後のライフプランに合わせて細かく設定することができます。

また、ｉＤｅＣｏは掛金を払うときと運用している間の税制上の優遇という面ではすばらしいのですが、課税の繰り延べ（89ページ）という性格上、給付時には原則課税されます。そのため、公的年金や退職金などと合わせて受け取り方を検討することが大事です。最後に大きく課税されてしまうと、加入時、運用時のメリットを吹き飛ばしてしまうからです。この章では受け取り方のルールを押さえておきましょう。

iDeCoの給付には、60歳以降に受け取る「老齢給付金」、障害状態になったときに受け取る「障害給付金」、加入者が亡くなったときに遺族が受け取る「死亡一時金」の3つがありました（第1章61ページ参照）。ここでは老齢給付金についてみていきます。

老齢給付金として運用してきたお金を受け取る方法には、

- **一時金で受け取る**
- **年金で受け取る**
- **一時金と年金を組み合わせる**

の3つがあります（図5－1）。年金と一時金の組み合わせ方や、年金で受け取れる期間・回数などは金融機関によって異なります。

図5-1 **老齢給付金：3つの受け取り方がある**

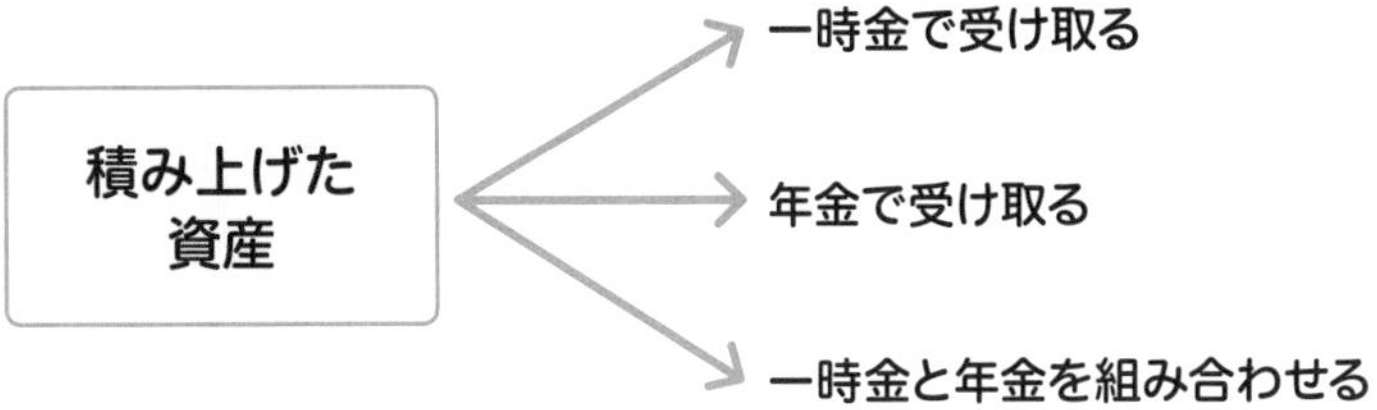

iDeCoは60歳ですぐに受け取らなくてはいけないというものではなく、70歳（2022年4月からは75歳）になるまで非課税で運用を続けることもできます。掛金を払わずに資産の運用だけ続ける場合には加入者ではなく、運用指図者になります。*

*運用指図者の期間は、一時金で受け取るときに差し引ける退職所得控除額の勤続年数計算では対象外となります（177ページ参照）。

◎受け取り方

一時金で受け取る場合には、これまで運用してきた資産を一括で受け取るので、イメージしやすいと思います。年金と一時金の併給を選択する場合には、年金と一時金の割合を指定します。例えば、「一時金の割合は10％から90％まで10％刻みで指定できる」など、指定の仕方は金融機関（運営管理機関）によって異なります。また、そもそも併給ができないところもあります。

そして、老齢給付金を年金で受け取る、あるいは一時金と年金の併給を選択する場合には、請求するときに「年金計画」に記入して提出する必要があります。

年金で受け取る際は、

- **分割取崩年金**
- **確定年金**
- **終身年金**

のいずれかの方法になります（図5－2）。年金で受け取る場合、振り込んでもらうたびに手数料440円がかかり、口座管理手数料もずっとかかります（運用指図者になると月額66円）。

「分割取崩年金」とは、運用を続けながら、年金を受け取っていく方法です。投資信託を保有している場合には、受け取り時に投資信託の一部を解約していきます（運用益は非課税です）。投資信託の価格（＝基準価額）は変動し

図5-2 **年金の受け取り方**

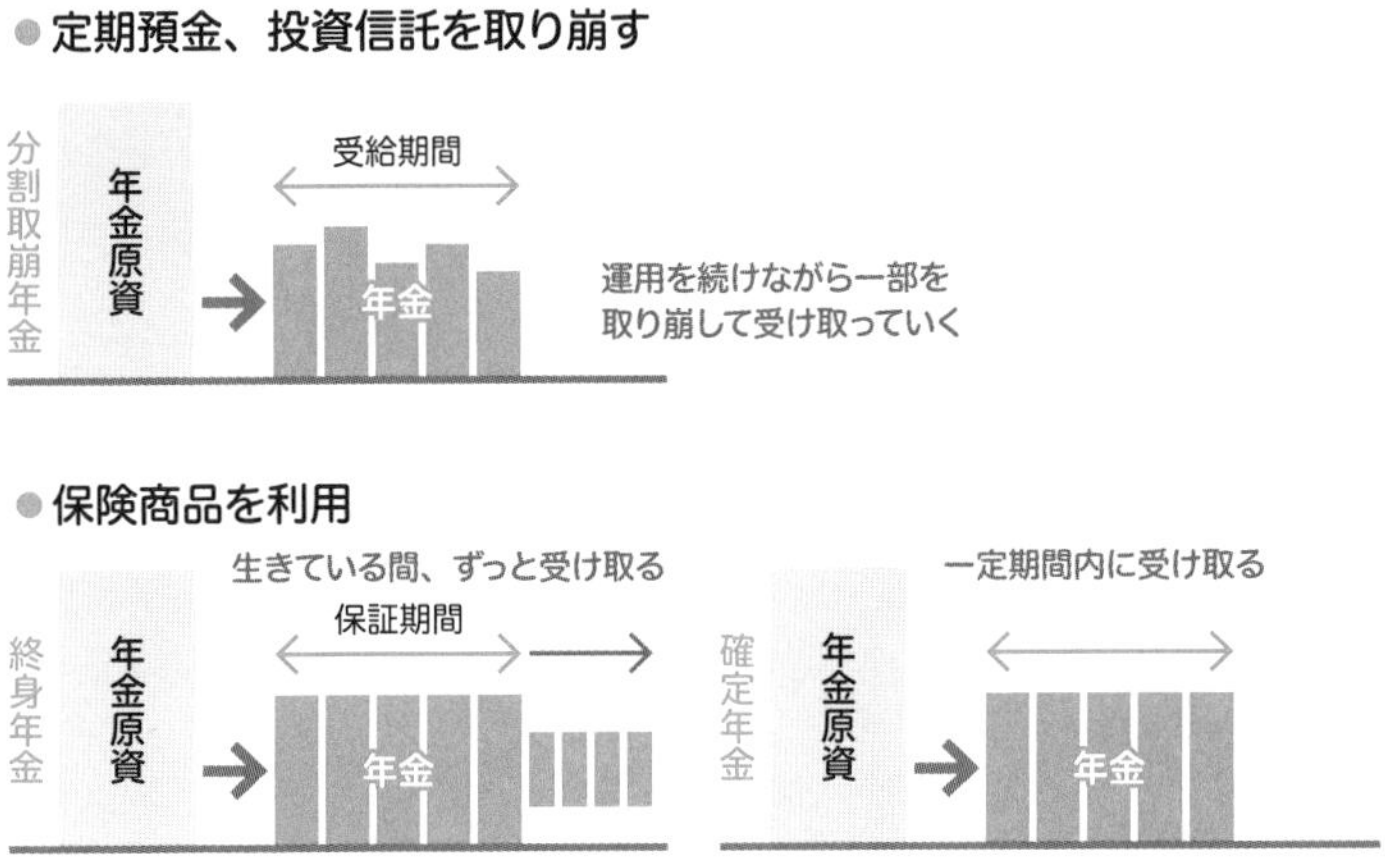

ますから、年金を受け取り始めても資産残高はふえたり、減ったりします。定期預金も同様に、一部を解約していきます。

もうひとつは、年金給付用に保険商品を購入することで、年金を受け取っていく方法です。保証利率と支給期間に基づいて一定の年金額を受け取る「確定年金」と、一定の年金額を終身にわたって受け取る「終身年金」があります。商品ラインアップに保険商品のある金融機関が対象です。ただし、保険商品を購入するときに手数料がかかるケースもあり、平均余命まで生きても、積み上げてきた資産に達しないこともあります。いくら受け取れるのか確認したうえで、商品の預け替え（スイッチング、126ページ）を行いましょう。

年金の受給を開始したあとは、分割取崩年金で選んだ商品と年金給付用の保険商品間で、預け替えを行うことはできません。

・受取期間

分割取崩年金を選択する場合には、次のことを決める必要があります。

・1年間に年金を受け取る回数

・年金額の算出方法（iDeCoでは決まっていることが多い）
・売却商品の順序（iDeCoでは決まっていることが多い）

まず、受取期間です。受け取り開始から何年かけて年金を受け取るか、を決めます。

例えば、
・5年以上20年以下の間で、1年刻みで指定（楽天証券、マネックス証券、野村證券、みずほ銀行、イオン銀行など）
・5年、10年、15年、20年の中から選択（SBI証券やりそな銀行など）
など金融機関によって、指定できる期間は異なります。

次に、1年間に何回、年金を受け取るかを決めます。こちらも金融機関によって選択できる回数が異なります。

そして、年金額の算出方法（受取額をどう決めるか）です。投資信託を運用しながら取り崩していく場合、資産額を残りの支払回数で割って、年金支給額を計算していく方法をとっていることが多いです。楽天証券やマネックス証券、ＳＢＩ証券、野村證券、りそな銀行などがこの方式をとっていて、「残存月数（回数）按分方式」などと呼ばれます。

例えば、

・受取期間５年
・年間支給回数２回（６月、12月）
・年金資産額５００万円

のケースで考えてみます（図５－３）。

この場合、５００万円を５年にわたり10回で受け取ることになります。１回目はあと10回年金を受け取るわけですから、資産額を10回で割った金額になります。２回目の支給額は資産額を残

図5-3　500万円を受取期間5年、年2回計10回で受け取る場合

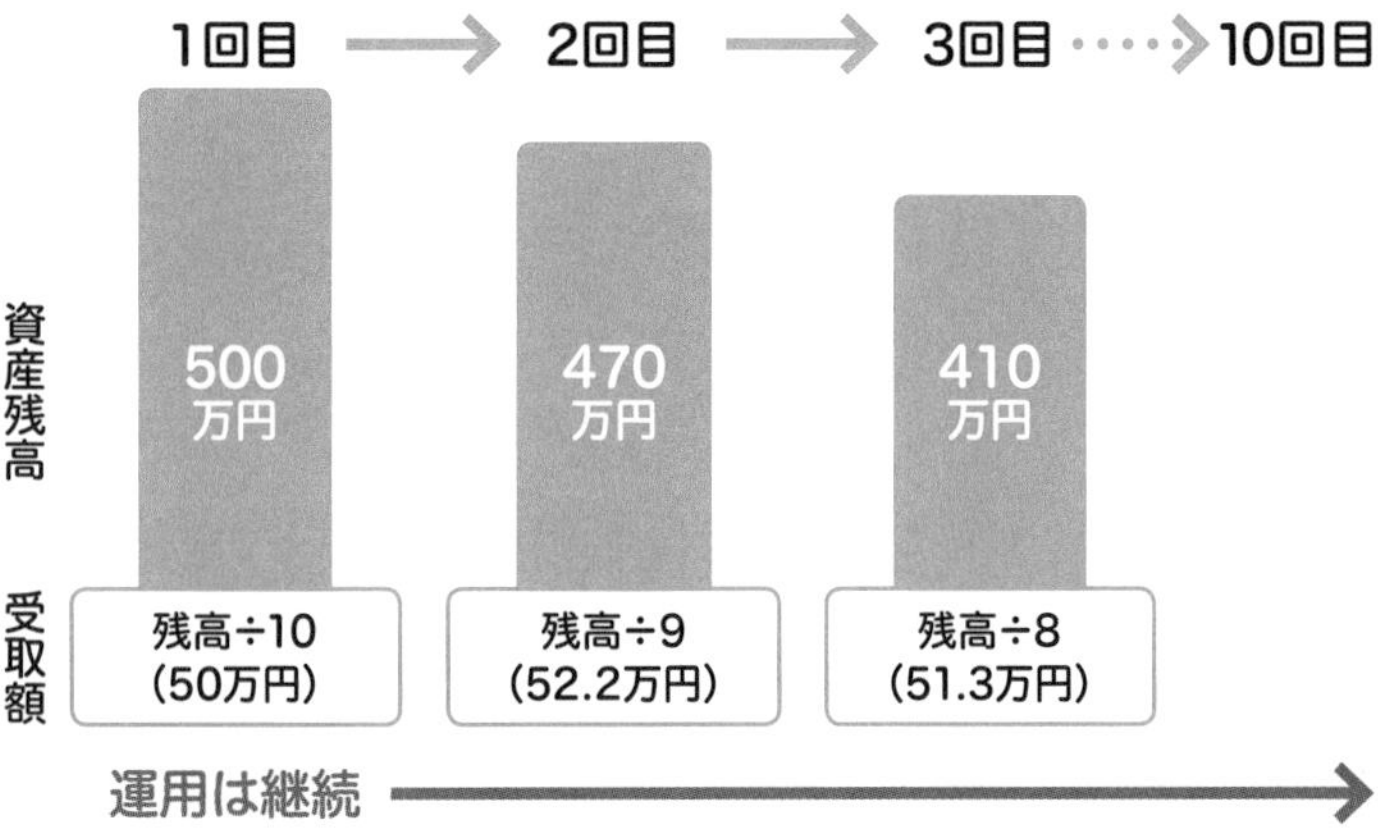

りの9回で割った金額となります。以下、同じように計算していきます。

かりに投資信託で運用している場合、資産残高は変動しますから、受け取る金額は毎回変動します。その代わり、10回で受け取ると決めた場合にはキッチリ10回で受け取ることができます。

もし受け取る金額を確定したい場合には、年金計画を提出する前に投資信託から定期預金に預け替え（スイッチング）をしておく必要があります。あるいは保険商品に預け替えて確定年金か、終身年金で受け取る方法もあります。


また、複数の商品を取り崩していく場合ですが、iDeCoでは保有割合に基づいて解約していく方法が主流です。

なお、金融機関の規約で年金受給開始後の老齢給付金の一時金支給が定められている場合には、年金の受け取りを開始してから5年を経過した月以後に残っている資産の全額を一時金で受給することができます。

給付時の税金について

次に、運用してきた資産を受け取るときにかかる税金について整理しておきます。

一時金で受け取る場合

まずは、一時金（一括）で受け取るケースをみていきます。運用してきた資産を一時金として受け取るときは税法上「退職所得」という扱いになります。

退職所得とは、収入金額（運用してきた確定拠出年金の受取額のこと）から「退職所得控除額」を差し引いて、残った金額に2分の1を掛けた金額です。この退職所得に対して課税されるしくみになっています（図5－4）。なお、退職所得に関する税金は分離課税なので、金融機関（運営管理機関）が計算して納税するため、個人で確定申告をする必要はありません。

「控除」とは「差し引ける」ことでしたね。退職所得控除額は、一時金で受け取るお金から差し引ける金額のことをさしています。かりに受け取る金額が退職所得控除額と

図5-4 一時金で受け取るときの税額の計算方法

（分離課税）

（収入金額－退職所得控除額）×1/2＝退職所得

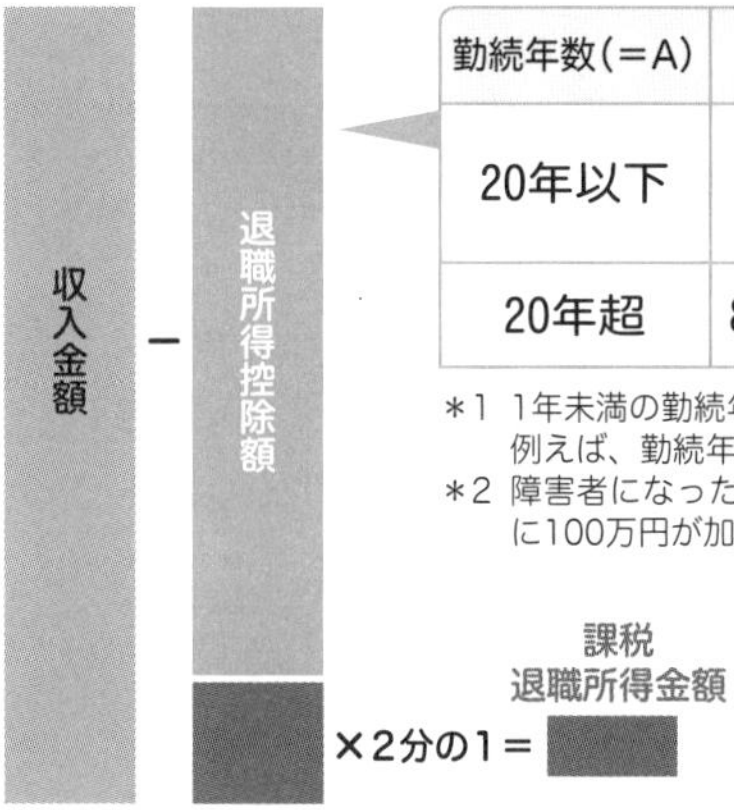

勤続年数（＝A）	退職所得控除額
20年以下	40万円×A （80万円に満たない場合は80万円）
20年超	800万円＋70万円×（A－20年）

＊1 1年未満の勤続年数は1年に切り上げて計算。
例えば、勤続年数が10年2カ月なら11年にカウントされる
＊2 障害者になったことが直接の原因で退職した場合には上記に100万円が加算される

【所得税】×税率（→下図参照）
【住民税】×6%（市町村民税）
×4%（都道府県民税）

＊iDeCoで運用してきたお金や退職一時金、企業年金を一時金で受け取ったときのお金など

●退職所得の源泉徴収税額（所得税額）の速算表

課税される所得（A）	税率（B）	控除額（C）
1000円～194万9000円	5％	0円
195万円～329万9000円	10%	9万7500円
330万円～694万9000円	20%	42万7500円
695万円～899万9000円	23%	63万6000円
900万円～1799万9000円	33%	153万6000円
1800万円～3999万9000円	40%	279万6000円
4000万円超	45%	479万6000円

税額は（A×B－C）×102.1%＊

例）課税退職所得金額が700万円の場合
（700万円×23%－63万6000円）×102.1%＝99万4454円

＊復興特別所得税を含む

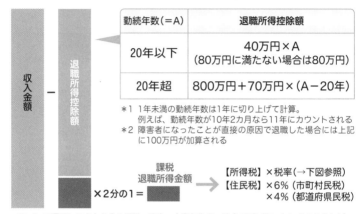

同じか少なければ、退職所得は0《ゼロ》になるため、税金はかかりません。つまり、退職所得控除額とは一定の非課税枠のようなものです。

退職所得控除額は勤続年数に応じて決まります。ここでいう勤続年数とは、iDeCoでは加入期間をさします。そのため、掛金を払っていない期間（運用指図者期間）は勤続年数には含めません。もし企業型DCや他の企業年金制度から資産を移した場合には、移換元の企業年金の加入期間も足すことができます。

勤続（加入年数）が20年までは毎年40万円ずつ（最低80万円）、20年を超えると毎年70万円ずつ退職所得控除額がふえていきます。例えば、15年加入している人は40万円×15年＝600万円、30年だと800万円＋70万円×（30年－20年）で1500万円です。この金額までは税金がかかりません。

ちなみに、「退職所得控除額」を計算するときに使う「勤続（加入）年数」ですが、1年未満の端数があるときには1年に切り上げられます。例えば、加入年数が30年1カ月なら、加入年数は31年とみなされます。加入期間が31年になると、退職所得控除の額は800万円＋70万円×（31年－20年）で1570万円になります。1カ月違うだけで退職所得控除の額が70万円（加入期間が20年以下だと40万円）もふえるのです。

注意したいのは「一括で受け取るiDeCoの資産全体が所得税などの課税対象となること」です。受け取ったお金が退職所得控除額の枠を超えると、それを超えた金額の2分の1に対して課税されます。つまり、自分が払ってきた掛金の合計額(元本)も含めた資産すべてに税金がかかるのです。ふつう、証券会社などで投資信託を購入して運用を行う場合、解約して税金がかかるのは、そのときの時価評価額から元本を差し引いた「利益」に対してだけです。その点が異なります。ただし、分離課税なので、他の所得と分離して所得税は計算されますし、翌年の住民税や社会保険料などには影響ありません。

具体的な例でみていきましょう。iDeCoに30年加入して投資信託で運用を続け、運用資産が1900万円になったとします。この場合、1900万円から退職所得控除額1500万円を差し引いた400万円の半分である200万円が退職所得となります。この退職所得200万円に対して、所得税(復興特別所得税含む)や住民税がかかります。このケースでは所得税(10万4652円)と住民税(20万円)の合計は30万4652円になります。

なお、「退職所得控除」を適用してｉＤｅＣｏの一時期を受け取るためには、「退職所得の受給に関する申告書」を支払い先の金融機関に提出する必要があります。また、同じ年、あるいは前年以前14年内（２０２２年４月以降支払われる一時金から前年以前19年内）に他の退職金などを受け取っている場合には、その内容を「退職所得の受給に関する申告書」に記載し、「退職所得の源泉徴収票（コピー可）」を一緒に提出します。**この退職所得の源泉徴収票をなくしたり、捨ててしまったりする人も多いそうです。大切に保管しておきましょう。**

もし「退職所得の受給に関する申告書」を提出しない場合には一時金に所得税（復興特別所得税含む）20・４２％を掛けた金額が源泉徴収され、自分で確定申告をする必要があります。住民税については、申告書の提出の有無にかかわらず、通常どおりに（会社がわかる範囲で）退職所得控除額を計算し特別徴収することになっています。

ここまでは退職所得がｉＤｅＣｏだけだった場合のお話です。では、複数の退職所得があるとどうなるのでしょうか。

【ケース1】同じ年に複数の退職金を受け取った場合

まずは、同じ年に2つ以上の退職金をもらう場合を考えます。なお、ここでいう退職金は退職一時金のほか、確定給付型の企業年金、中退共、小規模企業共済の共済金などを一時金で受け取った場合すべてを含みます。以下、同じです。

その場合、次のようなルールがあります。

- 収入(退職一時金やiDeCoで運用してきたお金など)は合算される
- 退職所得控除の計算上、勤続・加入年数は長いほうの年数が適用される。勤続・加入期間のうち重複していない期間があるときはその期間は加算できる

例えば、次のケースを考えてみます(図5−5)。

(1)退職一時金　1500万円(勤続年数30〜60歳)→60歳で受け取る
(2)iDeCo　500万円(加入期間45〜60歳)→60歳で受け取る

同じ年の同時期に受け取ると、収入（退職一時金1500万円、iDeCoの一時金500万円）は合算されて2000万円です。退職所得控除で使う勤続年数は長いほうの年数が適用されますから、この場合はA社に勤めていた30年が適用になります。さらにこの例では、会社の勤続年数とiDeCoの加入期間がすべて重複（45～60歳の間が重複）しているので、特別に加算する期間はありません。

退職所得は、退職一時金1500万円とiDeCoの500万円を足した総収入金額2000万円から、退職所得控除額1500万円を差し引いた500万円の、さらに2分の1である250万円が課税対象となります。

これにしたがって、税金を計算すると所得税15万5702円、および住民税の25万円となり、合計で40万5702円の税金がかかることになります。

図5-5 【ケース1】同じ年に2つの退職一時金を受け取る場合

●同じ年に退職一時金1500万円と
iDeCoの一時金500万円を受け取ったとする

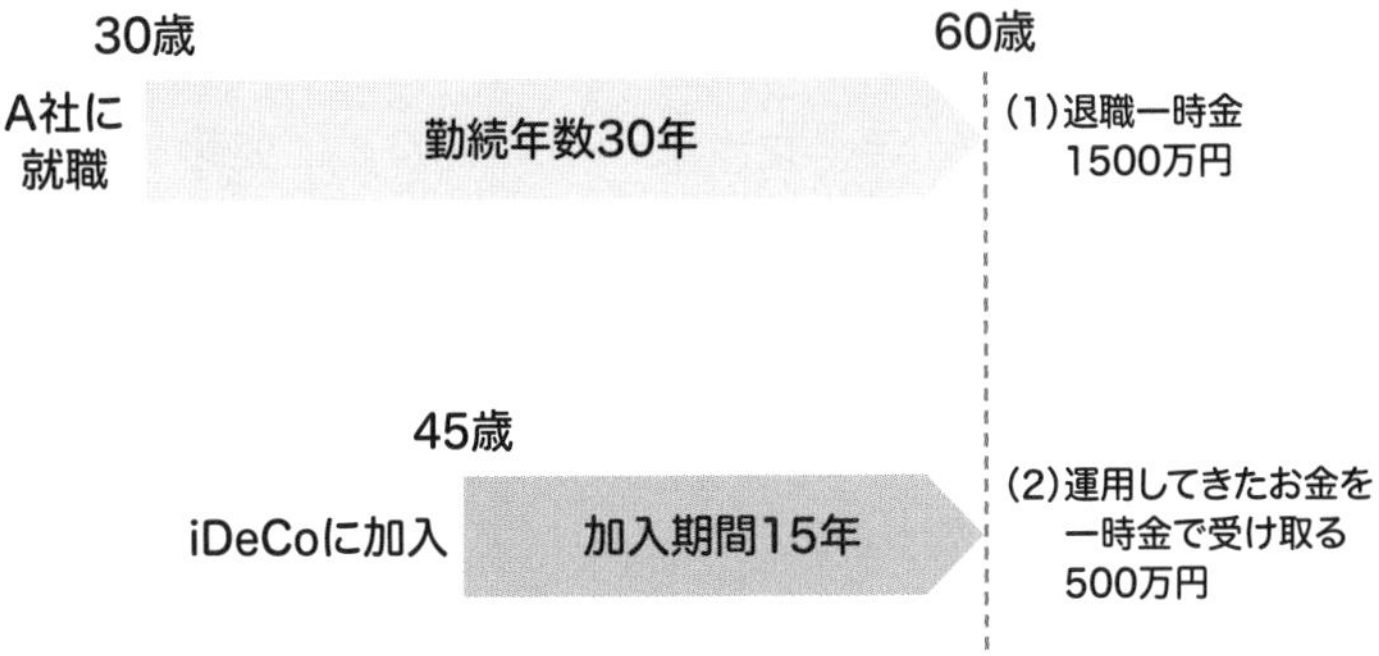

●収入金額：1500万円＋500万円＝2000万円

●退職所得控除額

- 年数は長いほうを採用➡30年
- 800万円＋70万円×（30年－20年）＝1500万円

●退職所得は？

- （2000万円－1500万円）×1/2＝250万円　これに対して税金がかかる
  （収入金額、退職所得控除額）

●税金

- 所得税：（250万円×10％－9万7500円）×102.1％＝15万5702円
- 住民税：250万円×10％＝25万円

➡40万5702円

一定期間内に受け取ると退職所得控除の枠は共有される

同じ年ではなく、iDeCoの一時金や退職一時金を受け取る時期をずらすという方法もありますが、一定期間以内に受け取ると、退職所得控除の枠を「共有」することになります。

例えば、退職一時金や確定給付企業年金、中退共、小規模企業共済などを一時金で受け取った場合、前年以前4年内に受け取った退職金は、退職所得控除の枠を共有することになります。

一方、iDeCoや企業型DCは「前年以前14年内」までさかのぼって過去に受け取った退職所得と合算されます。さらに2022年4月以降に支払われる一時金からは「前年以前19年内」に受け取った退職金なども、退職所得控除の枠を共有するようになります(図5－6の上)。

では、前年以前19年内とはどの期間をさすのでしょうか。例えば、2022年6月

図5-6 一定期間内に受け取ると退職所得控除の枠を共有することに

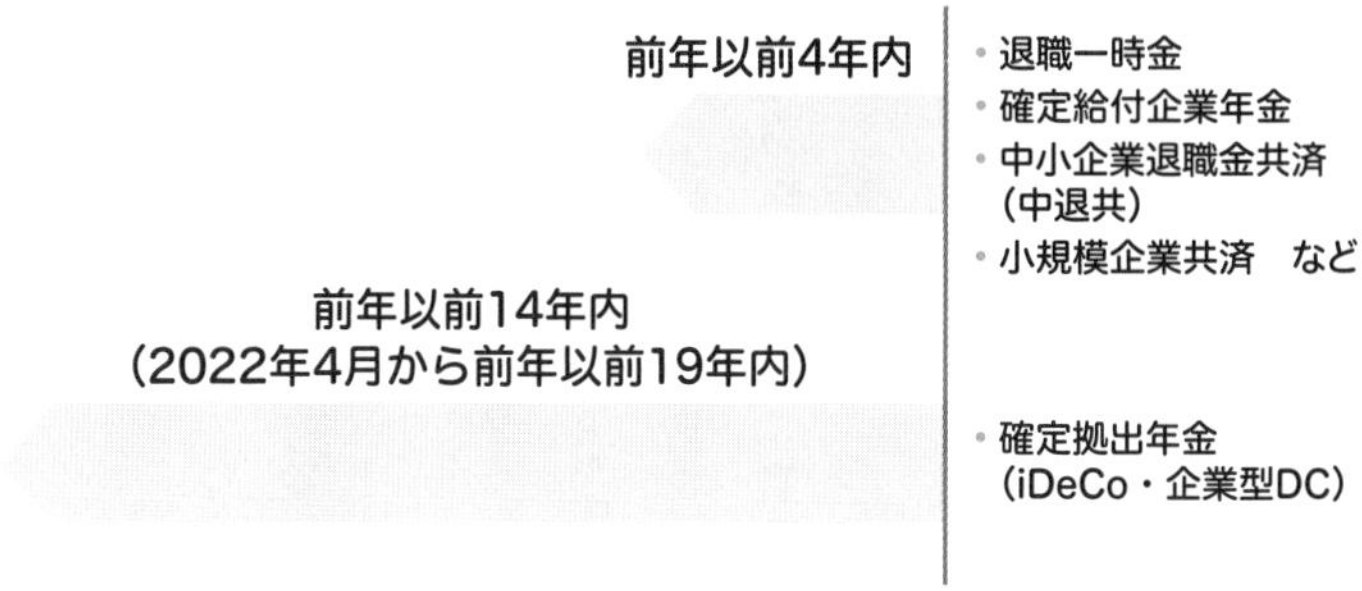

● 前年以前19年内とは？

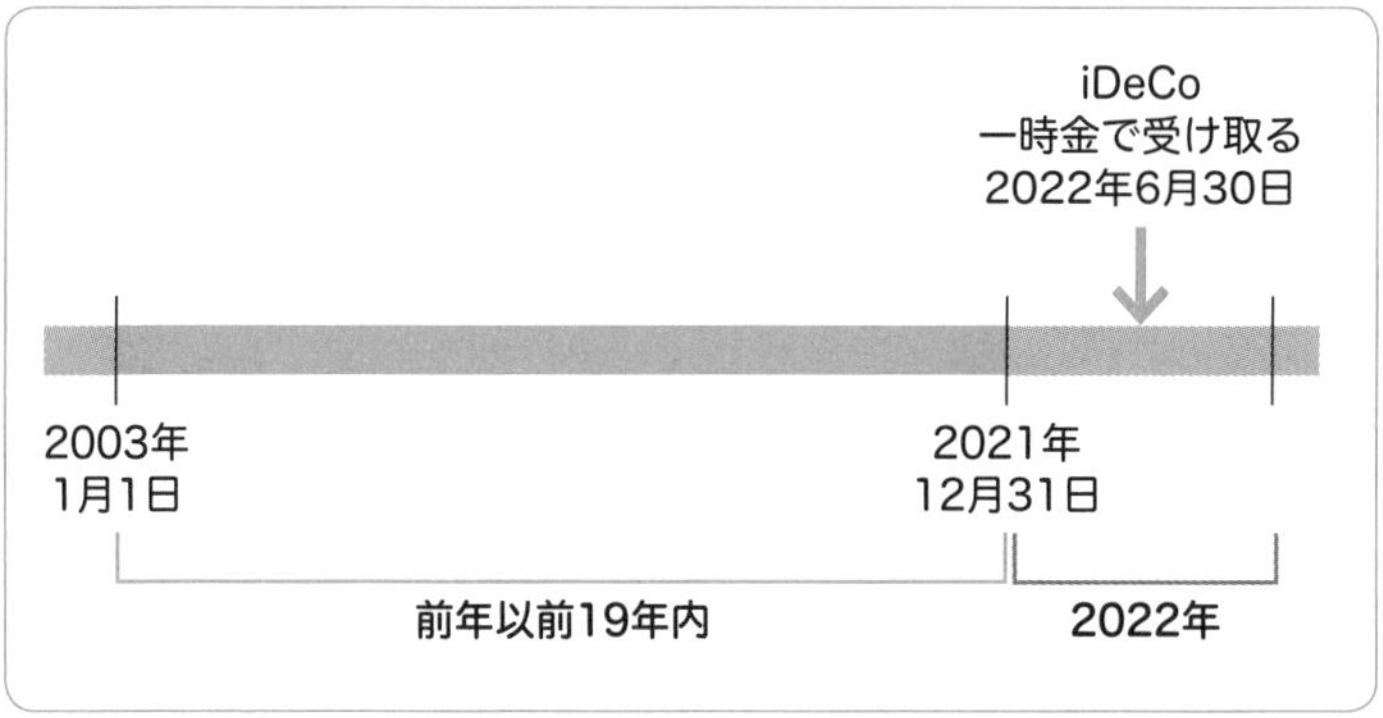

にiDeCoを一時金で受け取る場合で考えてみます。この場合、2003年1月から2021年12月までの期間が「前年以前19年内」に該当します（図5－6の下）。かりに60歳のときにiDeCoで運用してきた資産を一時金で受け取る場合には、41歳以降に受け取った退職金などが対象になります。

この場合、

- 最初にもらう退職金はふつうに「（収入金額－退職所得控除額）×2分の1」で計算
- あとから受け取る退職金の計算に使う「退職所得控除額」は、前に受け取った退職金と重複している「勤続年数・加入期間」を差し引く

というルールがあります。

先に受け取った退職金がある場合には、合算して源泉徴収税額を計算することになるので、源泉徴収票を提出する必要があります。* 何度も言うようですが、退職金をもらったときに受け取る源泉徴収票は必ず保管しておきましょう。

＊加えて、今回の退職金などの支払い者に「退職所得の受給に関する申告書」を提出する必要があります（180ページ参照）。

【ケース2】前年以前19年内にiDeCoの一時金を受け取った場合

では、以下のケースはどうなるでしょうか（図5－7）。

(1)退職一時金　1500万円（勤続年数30～60歳）→60歳で受け取る
(2)iDeCo　500万円（加入期間40～65歳）→65歳で受け取る

先に60歳で受け取る退職一時金の退職所得は収入金額（1500万円）から退職所得控除額（勤続30年なので1500万円）を差し引いて0《ゼロ》になるため、非課税です。

次に、65歳のときにiDeCoの一時金で受け取ります。この場合、前年以前19年内に受け取っていますから、退職所得控除の枠は共有されます（2022年4月から前年以前19年内になります）。退職所得控除額の計算では、前に受け取った退職一時金と重複している年数が差し引かれます。

このケースでは(2)iDeCoに加入していたのは25年で、(1)前に受け取った一時金

図5-7 【ケース2】前年以前19年以内にiDeCoの一時金を受け取る場合

● 勤務先から先に退職金1500万円を受け取り、
5年後にiDeCoの一時金500万円を受け取ったとする

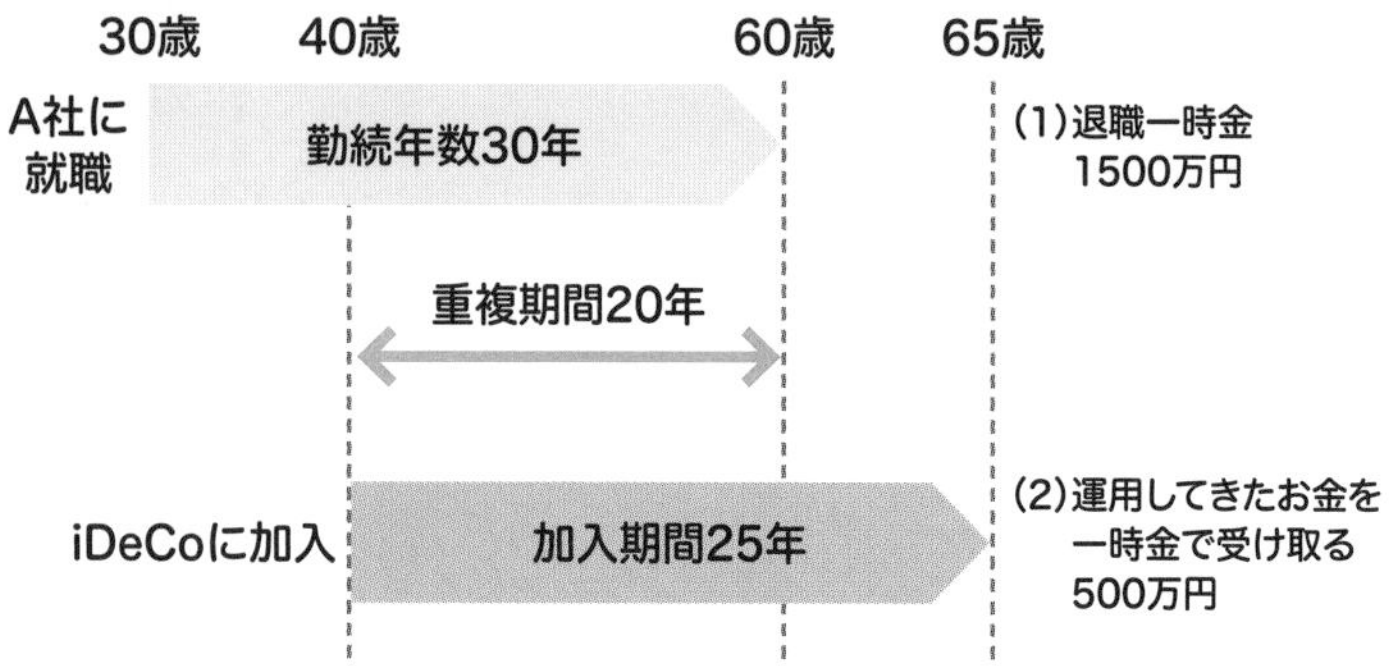

● 60歳で退職一時金を受け取ると

- 収入金額：1500万円
- 退職所得控除額：800万円＋70万円×(30年－20年)＝1500万円
- 課税退職所得額：(1500万円－1500万円)×1/2＝0円

➡ 非課税

● 65歳でiDeCoの一時金を受け取ると

- 加入者期間：25年－20年(重複期間)＝5年
- 退職所得控除額：40万円×5年＝200万円
- 課税退職所得額：(500万円－200万円)×1/2＝150万円

⬇

- 所得税：150万円×5%×102.1%＝7万6575円
- 住民税：150万円×10%＝15万円

➡ 22万6575円

＊60歳以降、厚生年金に加入して働き、iDeCoにも65歳になるまで加入したとする

の勤続年数と重複している期間20年を差し引くと5年になります。

そのため、(2)のiDeCoの一時金については、500万円から退職所得控除額200万円（40万円×5年）を差し引いた300万円の2分の1に対して税金がかかります。

【ケース3】一定期間をあけて受け取る場合

自営業の人が小規模企業共済に30年、iDeCoに15年加入していたとします（図5−8）。60歳でiDeCoの一時金500万円を受け取り、その6年後に小規模企業共済の共済金1500万円を一括で受け取るとどうなるでしょうか。

- iDeCoの退職所得控除額は、40万円×15年＝600万円
- 小規模企業共済の退職所得控除額は、800万円＋70万円×（30年−20年）＝1500万円となります。

このケースではｉＤｅＣｏの一時金を受け取ってから小規模企業共済の共済金を一括で受け取るまでに６年が経過しているので、重複する加入期間を差し引く必要はなく、退職所得控除の枠も別々に使うことができます。それぞれ受取額が退職所得控除額の範囲に収まるため、非課税となります。

退職一時金や確定給付企業年金、中退共、小規模企業共済などを一時金で受け取った場合、前年以前４年以内に受け取った退職金は合算して考えますが、それよりも前の退職金は考慮する必要はありません。ｉＤｅＣｏや企業型ＤＣも、前年以前14年（２０２２年４月からは前年以前19年）内に受け取った退職金は合算して考えますが、それより前に受け取った退職金については考慮する必要はありません。つまり、退職所得を計算するときに、一定期間をあけるとそれぞれの加入年数に応じた退職所得控除額を差し引くことができるわけです。

ちなみに、このケースでは、逆の順番、先に小規模企業共済の共済金を一括で受け取り、６年後にｉＤｅＣｏの老齢一時金を受け取った場合には退職所得控除の枠を共有します。先に受け取る小規模企業共済の共済金と、あとから受け取るｉＤｅＣｏの一時金を合わせると70万円以上の税金がかかります。

図5-8 【ケース3】一定期間をあけて受け取る場合

● 先にiDeCoで運用してきたお金500万円を受け取り、
6年後に小規模企業共済の共済金1500万円を一括で受け取ったとする

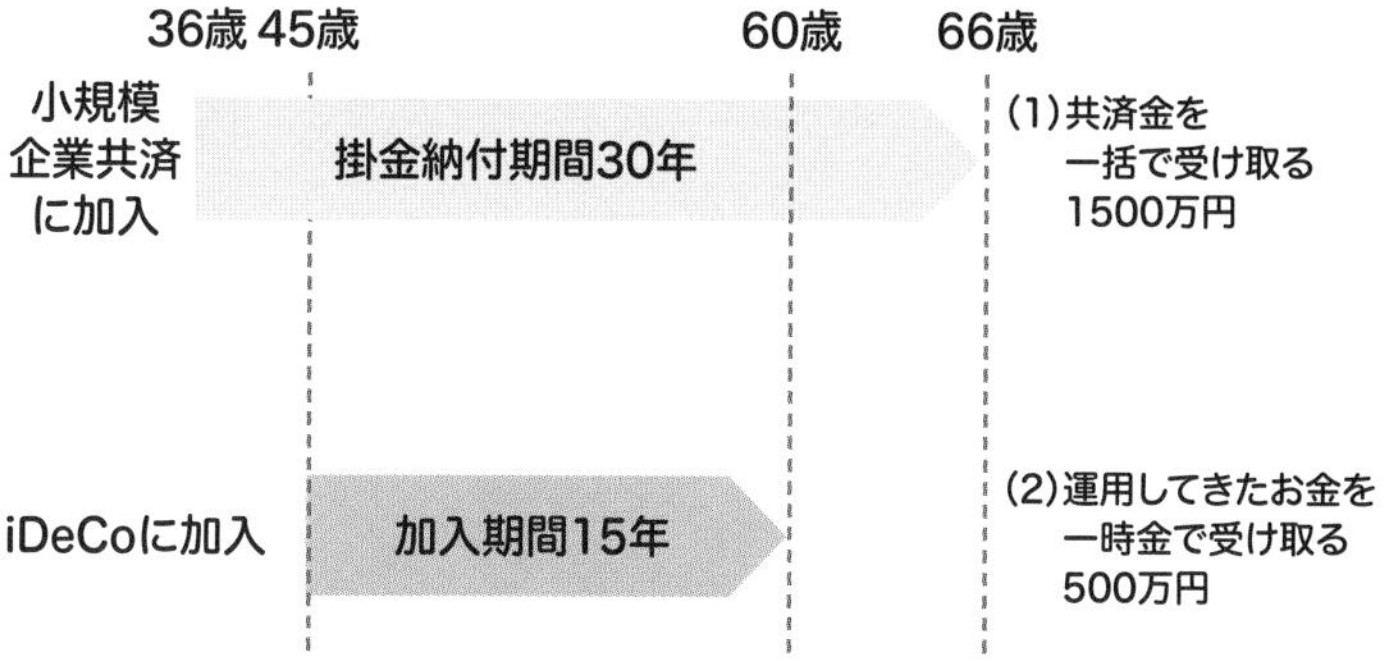

● 60歳でiDeCoの一時金を受け取ると

- 加入者期間：15年
- 退職所得控除額：40万円×15年=600万円
- 課税退職所得額：(500万円－600万円) ×1/2=0円

➡ 非課税

● 66歳で小規模企業共済の共済金を一括で受け取ると

- 掛金納付期間：30年
- 退職所得控除額：800万円＋70万円× (30年-20年) =1500万円
- 課税退職所得額：(1500万円-1500万円) ×1/2=0円

➡ 非課税

このように、**受け取る順番や受け取り方によって、税金が高くなったり、安くなったりすることがある**、ということは覚えておきたいところです。

会社員の場合には、退職一時金や企業年金の受け取り時期を自分でコントロールするのは難しいかもしれません。ただ「企業型ＤＣの一時金の受け取りから5年目以降に退職一時金を受け取る」というようなことができれば、それぞれで退職所得控除枠を使うことが可能です。受け取り開始時期を選べる人はこうした知識を持っておくことで、受け取る時期や順番などを検討できるのではないでしょうか。

また、すべてを一時金で受け取る必要はなく、一部を一時金で、一部を年金でという具合に組み合わせて受け取る方法もあります。

年金形式で受け取る場合の税金はどうなるか

ｉＤｅＣｏのほか、

- 老齢基礎年金、老齢厚生年金などの公的年金
- 確定給付企業年金や厚生年金基金
- 企業型ＤＣや国民年金基金、小規模企業共済

などを年金形式で受け取る場合はすべて「雑所得」となります。

こうしたすべての年金収入が合算されたうえで、「公的年金等控除」が適用されるしくみです（図５－９）。公的年金等控除の額は年齢や収入金額に応じて決まります。公的年金等控除を超える金額については雑所得として総合課税の対象となります。所得に応じて所得税・住民税がかかり、社会保険料（健康保険、介護保険料等）の負担もあります（障害年金や遺族年金は非課税です）。

年金で受け取る場合、公的年金等控除を差し引けるため、税負担は軽減されます。例えば、65歳未満であれば年間60万円、65歳以上だと年間１１０万円まで公的年金等控除を差し引いた雑所得の金額は０《ゼロ》となります。また、その金額を超えても、専業主婦（70歳未満）の妻がいる60代後半の人の場合、公的年金等控除が最低でも１１０万円あるのに加えて、自分の基礎控除*や配偶者控除があるため控除額は１９６万円とな

図5-9 **年金で受け取ると雑所得として総合課税**

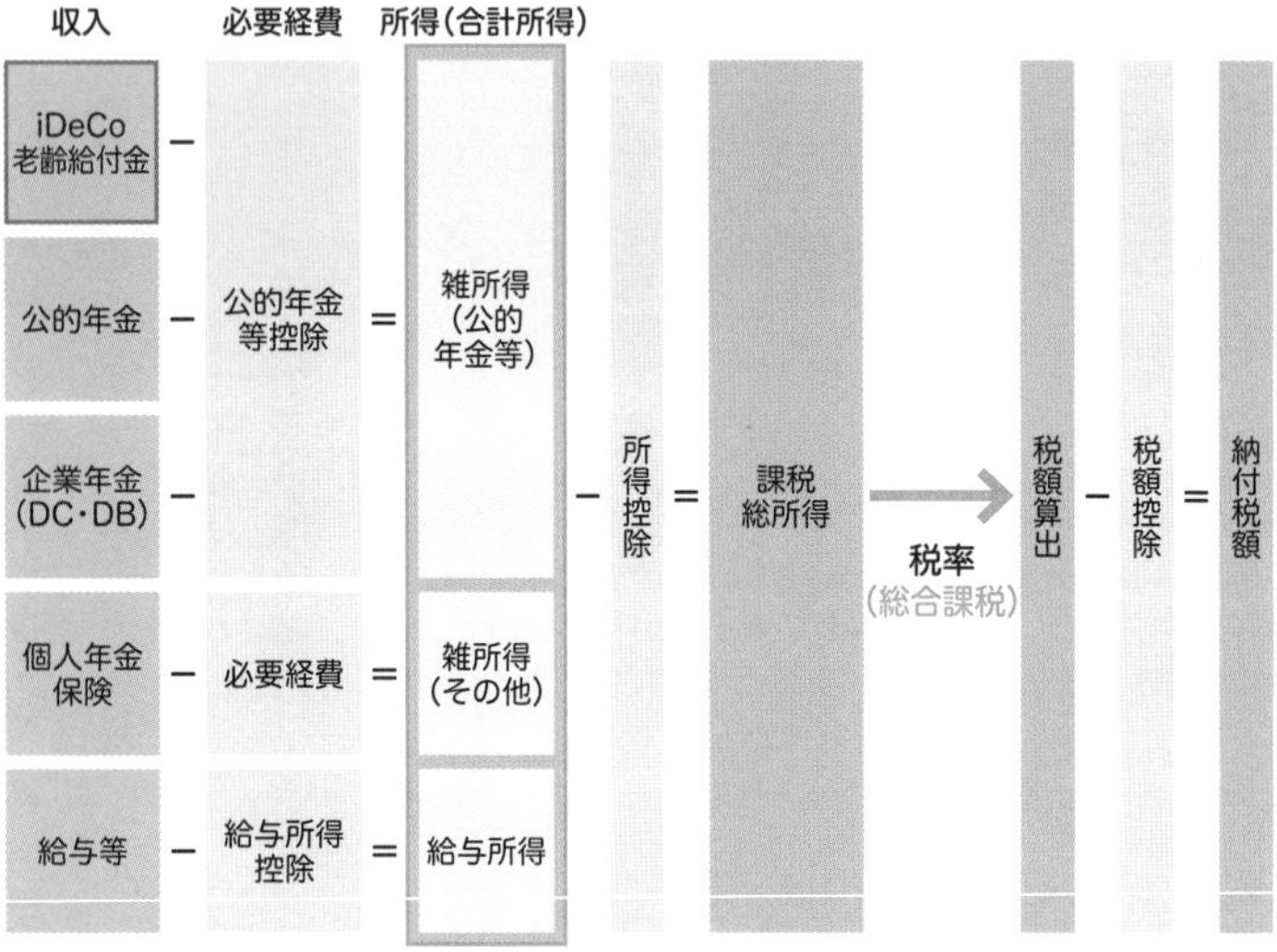

iDeCoや公的年金等の収入金額 − 公的年金等控除 = 雑所得

	公的年金などの収入金額	公的年金等控除額
65歳未満	130万円以下	60万円
	130万円超410万円以下	収入額×25%+27.5万円
	410万円超770万円以下	収入額×15%+68.5万円
	770万円超1000万円以下	収入額×5%+145.5万円
	1000万円超	195.5万円
65歳以上	330万円以下	110万円
	330万円超410万円以下	収入額×25%+27.5万円
	410万円超770万円以下	収入額×15%+68.5万円
	770万円超1000万円以下	収入額×5%+145.5万円
	1000万円超	195.5万円

＊受給者の年齢の判定は、その年の12月31日での年齢による
＊公的年金、確定給付企業年金のほか、企業型DC、国民年金基金、小規模企業共済(年金形式で受け取る場合)などを含む
＊公的年金等以外の合計所得が1000万円以下の場合

り、この金額までは所得税はかかりません。

＊基礎控除額は納税者本人の合計所得金額が2400万円以下の場合は一律48万円。それを超えると減額され、2500万円超は0（ゼロ）に。配偶者控除は控除を受ける納税者本人の合計所得金額が900万円以下の場合は38万円（対象配偶者の年齢が70歳以上の場合48万円）。

ただ、国民年金や厚生年金を受給している場合、それらを合わせた金額が課税対象となるため、公的年金や企業年金をたくさん受け取る人にとっては、そこにiDeCoの受取額が加わると税負担が増す、ということになります。

そこで、iDeCoで運用してきた資産を年金で受け取る場合、受け取り時期を公的年金と被らないようにする、という方法が考えられます。例えば、公的年金の受給開始前の60歳から64歳の5年間で受け取る、あるいは公的年金の受給開始を遅らせて（繰下げ受給といいます。212ページの章末コラムを参照）、その前にiDeCoの資産を受け取る、などが考えられます。

あるいは、会社からの退職一時金や確定給付企業年金、手厚い公的年金を受給する人については、1年当たりの年金の受取額がふえると所得税も高くなるため、例えば、20年というように、iDeCoで運用してきた資産の受取期間を長くすることで累進課税の影響を和らげることを検討してもよいでしょう（給付の都度、手数料はかかるので、受け取りは数カ月に一度にする）。

自営業やフリーランスで公的年金が国民年金（老齢基礎年金）のみという人はそこまで影響を受けることは、ほとんどありません。

なお、公的年金収入などの合計が年400万円以下で、それ以外の所得が20万円以下などの条件を満たすと確定申告はしなくてもよいことになっています。ただし、確定申告をしたほうがよい場合もあります。

例えば、地震保険や医療保険、家族の国民年金保険料などを支払っている場合は所得控除の対象となりますが、年金収入には会社員の年末調整のようなしくみはありません。そのため、自分で確定申告をすることで所得税の還付を受けられますし、翌年の住民税が安くなります。そうなると、翌年の介護保険料などが下がるかもしれません。

このように、退職金を受け取る、公的年金を受け取るといった場合、確定申告をしたほうが有利になる（手取り額がふえる）場合もあります。確定申告・還付申告をしたことがない人は、機会があれば現役時代にトライしてみましょう。税金が決まるしくみを知っておくと、ｉＤｅＣｏや企業型ＤＣのマッチング拠出の優位性も実感できます。

自分にとっての全体最適を考える

ここまで受け取り方についてみてきました。ｉＤｅＣｏについては、一時金を一定期間内に受け取ると、他の退職所得と退職所得控除の枠を共有することになりますし、年金で受け取る場合には、公的年金や企業年金などの受け取り時期や金額などを考慮する必要があります。

ｉＤｅＣｏの加入期間や受け取る金額、ほかに受け取る退職一時金や企業年金などがあるかどうかによって、一人ひとり事情は異なります。そのため、ｉＤｅＣｏの受け取り方に唯一の正解はありません。自分にとっての全体最適を考えることが重要になります。

そのためには、iDeCoだけをみてもだめで、公的年金や退職給付制度（退職一時金や企業年金など）についての理解が不可欠です。ここで、第1章でも挙げた図5－10の図をご覧ください。老後を支えるお金については3つありましたよね。

そこで、①から③について、具体的な数字を調べてみましょう。さらにいえば、ご自身や配偶者がどこでいつまで働くか、といったことも考慮する必要があるでしょう。

①公的年金（老齢基礎年金・老齢厚生年金）
②企業の退職給付（退職一時金・企業年金）
③iDeCoなど自分で準備したお金（国民年金基金や小規模企業共済、つみたてNISAを活用した投資信託の積み立て、自分で掛けている個人年金保険、共済など）

公的年金の見込額、企業から受け取る退職一時金、企業年金がみなさんのリタイア後の資金計画の基礎となります。

それぞれ、「いつ」「どのように」「どのくらい」もらえるのかを具体的に把握すること

図5-10 老後を支えるのは3つのお金

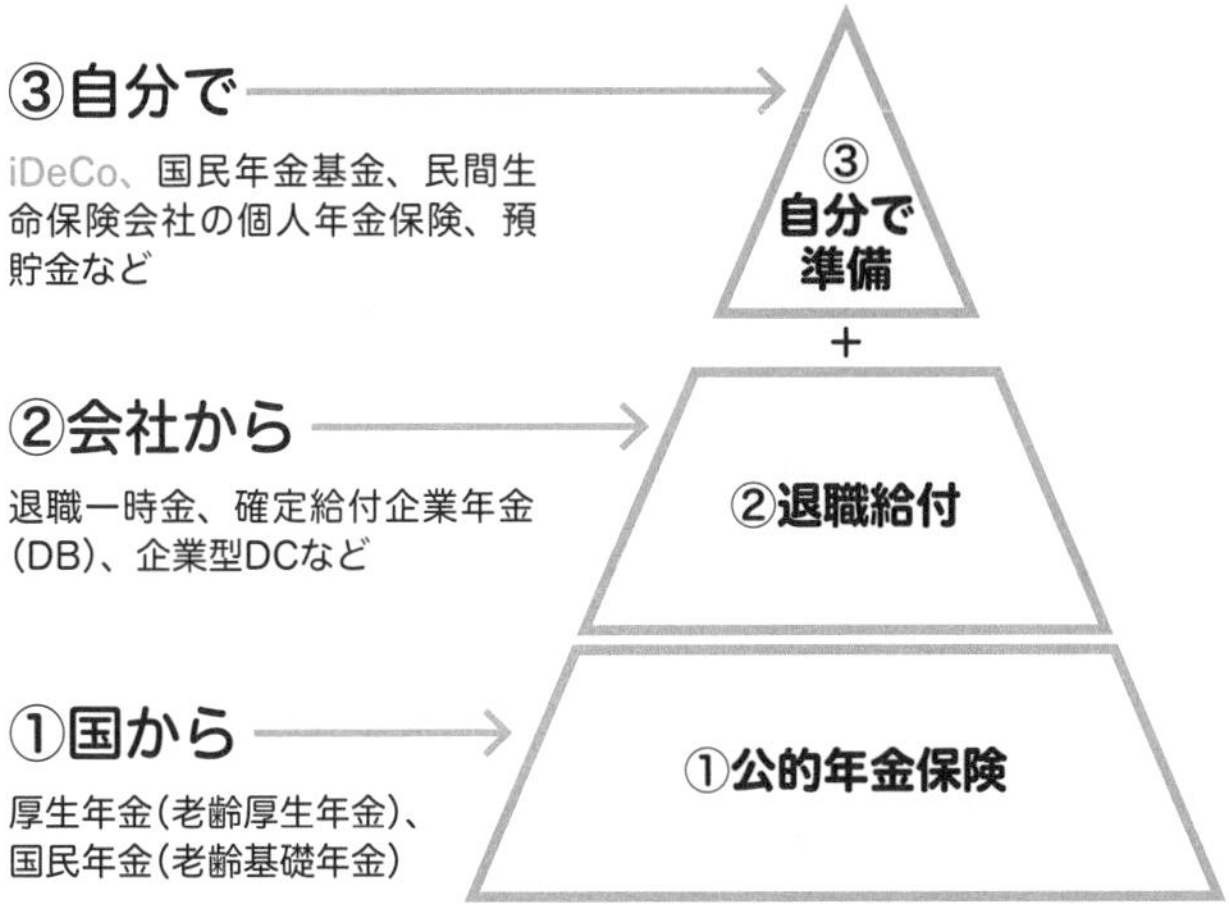

で、将来のプランを立てることができ、iDeCoで運用してきた資産をどのタイミングで、どのように受け取るのがよいかを考えるヒントにもなります。

「いつ」というのは何歳から、あるいは退職時というように受け取る時期のこと。「どのように」は受け取り方です。一時金なのか、年金形式なのか、それとも両方を組み合わせることができるのかということです。最後の「どのくらい」は見込額のことです。

公的年金（基礎年金・厚生年金）をチェック

まずは、国からもらえる公的年金を確認しましょう。具体的には、毎年1回、誕生日月に送付される「ねんきん定期便」を確認します。ねんきん定期便は「50歳以上」と「50歳未満」では様式が異なります。50歳以上になると、60歳まで働いた場合の「老齢年金の見込額」が記載されるので、参考になります。

つまり、「将来」を見込んだ数値になっています。個人単位で送られますが、結婚している場合には世帯単位で合算してください。より現実的な数値がわかります。公的年金は2カ月に1回、一生涯年金として受け取れます。

さらに、この機会に「ねんきんネット」に登録することをおすすめします。日本年金機構のインターネットサービスで、日本年金機構のホームページから登録できます。一度登録すると、いつでも、これまでの公的年金の加入履歴を確認したり、年金の見込額を試算したりできるので、便利です。

勤務先の退職給付制度を確認

次に、会社員の方は勤務先の退職給付制度の内容を確認しましょう。多くの会社では退職給付（一時金・年金）制度を設けています。退職給付制度とは、企業が従業員の退職後の生活を支援するために導入している制度のことで、退職時一括で受け取る退職一時金と、退職一時金を年金化した企業年金に分けられます（企業年金についても一時金と年金を選択できる形になっているケースが多いです）。

勤務先の退職金・企業年金制度を確認し、「受給開始年齢」や「金額」「受取方法」などを確認しておくとよいでしょう。受け取り方法には、有期（一定期間に限る）と終身（一生涯受け取れる）があります。終身と有期を組み合わせている会社もあります。例えば、36万円は終身で、60歳から64歳までは60万円（5年まで据え置きも可）という具合です。また、受け取り方法として一時金を選択できるケースも多いようです。図5－11のシートを参考に調べてまとめてみてください。

社内の規程集や福利厚生に関するパンフレット、社内のイントラネットなどで情報収集する、あるいは人事・総務部の担当者に確認したり、労働組合に問い合わせたりしてもよいでしょう。給料明細や賞与明細、イントラネットなどで現時点での金額やポイント、60歳まで働き続けた場合の見込額などを従業員に知らせている会社もあります。会社や企業年金基金、労働組合などがマネープランセミナーやライフプランセミナーなどを開催する場合には積極的に参加しましょう。

図5-11 企業の退職給付制度を調べて記入しよう

● 退職一時金

1000万円(退職時に受け取る)

● 企業年金

〈確定給付型〉

種類	受取方法	受取期間	受給開始年齢	金額
○○企業年金(1)	終身	一生涯(一時金も可)	60歳～	36万円／年
○○企業年金(2)	有期	5年(一時金も可)	60歳～69歳から選択	60万円／年

〈確定拠出型〉

種類	受取方法	受取期間	受給開始年齢	金額
確定拠出年金	一時金、有期から選択	5年、10年、15年、20年から選択	60歳～75歳になるまで	150万円(2021年6月末時点) 540万円(2%で運用想定、60歳時点)

将来受け取るお金を整理しておこう

50歳を過ぎたら、将来もらえるお金について一度整理しておくとよいでしょう。次ページの図5－12は60歳以降に受け取るお金を整理したものです。この表は1人のケースですが、結婚している場合には配偶者も含めて、「世帯で」将来受け取れるお金をまとめておくとよいと思います。

受け取れる時期や、受け取り方にいくつかの選択肢がある場合には、何パターンかシミュレーションしてみるとよいでしょう。その際、将来のライフプラン（どこで、誰に囲まれて、どのように暮らすのか）やキャリアプラン（いつまで働くのか、どんな働き方をするのか）なども一緒にイメージしておきたいところです。

図5-12 60歳以降に受け取るお金を整理

単位は万円

	国から		会社から*			自分で		
年齢	老齢基礎年金	老齢厚生年金	退職一時金	DB	企業型DC	iDeCo	その他( )	合計
60			1000	36	60			1096
61				36	60			96
62				36	60			96
63				36	60			96
64				36	60			96
65	76	120		36				232
66	76	120		36				232
67	76	120		36				232
68	76	120		36				232
69	76	120		36				232
70	76	120		36				232
71	76	120		36				232
72	76	120		36				232
73	76	120		36				232
74	76	120		36				232
75	76	120		36				232
76	76	120		36				232
77	76	120		36				232
78	76	120		36				232
79	76	120		36				232
80	76	120		36				232
81	76	120		36				232
82	76	120		36				232
83	76	120		36				232
84	76	120		36				232
85	76	120		36				232

＊企業年金基金などから受け取るものも含む

いつからどのように
受け取る？

タイプや年収などによって おトクの度合いは異なる

最後に、第1章でご紹介した①～⑦のタイプ（第1章33ページ参照）ごとにｉＤｅＣｏを利用するメリットと注意点をまとめました。

どのタイプも、「運用している間の運用益が非課税になる」というメリットは等しく享受できますが、拠出時、給付時に恩恵があるかどうかはタイプや収入、加入期間などによって異なります。もっというと、無理にｉＤｅＣｏに加入しなくてもよい人もいます。それぞれみていきましょう。

①国民年金の第1号被保険者は積極的に活用を

自営業やフリーランスとして仕事をしている人こそ、できるだけ早いうちから資産形成をしっかり行う必要があります。厚生年金に加入している会社員と違い、将来受け取れる公的年金は国民年金（老齢基礎年金）だけなので、必然的に国から受け取る公的年金の金額は少なくなります。40年にわたり国民年金保険料を支払った場合でも、受け取れる基礎年金は年額約78万円。月にならすと6万5000円程度です。

その場合、付加年金、小規模企業共済と併せてｉＤｅＣｏを活用するとよいでしょう（付加年金と小規模企業共済については91ページの第2章の章末コラムを参照）。ただし、一時金で受け取る場合には受け取る順番や受け取り方を検討しましょう。一時金で受け取る場合、多くは先にｉＤｅＣｏの一時金を受け取り、5年以上経ってから小規模企業共済の共済金を一括で受け取ったほうが有利です。

②会社員（企業年金なし）は積極的に活用しよう！

中小・ベンチャー企業、ＮＰＯの職員などは退職金・年金に関して大企業に比べて少ないのが現状です。そういう方にとっては、ｉＤｅＣｏの活用は老後に向けた資産形成の有効な手段のひとつとなるはずです。

勤務先に企業年金制度がなく、退職一時金のみという人は、「いつ」「いくら」くらい受け取れるかを調べましょう。かりに退職一時金とｉＤｅＣｏの運用資産を合わせて、退職所得控除額の枠内に収まるようであれば、すべて一時金で受け取ってもよいですし、枠を超える場合には一部を一時金、残りを年金で受け取っていくという方法も考えられます。

あるいは、中小企業退職金共済（中退共）に加入している人もいるかもしれません。中退共は「退職時に一括して受け取る」以外に、一定の要件を満たしていれば、5年または10年にわたって分割して受け取ることも可能ですし、併給もできます。中退共も一定期間以内に一時金で受け取ると退職金として合算されるので、こちらも受け取り時期や金額などについて調べておきましょう。

③と④の企業型DCのある会社員は受け取り時に注意。退職給付制度を確認しよう

企業型DCの事業主掛金の少ない人は積極的にiDeCoの枠を活用しましょう。拠出時に支払う所得税や住民税が軽減される、運用益が非課税になるといった恩恵を受けることができます。

一方、給付時は注意が必要です。退職一時金や一時金で受け取る企業年金の額が大きいと退職所得控除の枠をほとんど使いきってしまい、それを超える分について税負担が発生するケースもあるからです。受け取り方法についてはよく考える必要があり

ます。

2024年12月からiDeCoの掛金が「5万5000円から各月の企業型DCの事業主掛金やDBなどの他制度掛金相当額*を差し引いた金額」と「月額2万円」の低いほうの金額が掛金の上限に統一されます。事業主掛金がふえて、iDeCoへの拠出可能額が最低額の月額5000円を下回ると、iDeCoの掛金は払えなくなりますが、企業型DCに資産を移換することは可能です（運用指図者として運用を継続することもできます）。

＊確定給付型の事業主掛金額は、確定給付型ごとにその給付水準から企業型DCと比較可能な形で評価したもので、複数の確定給付型に加入している場合は合算。確定給付型には、公務員の年金払い退職給付等を含む。

⑤会社員（DBに加入）と⑥公務員は受け取り時に注意。加入からの検討も

大企業の社員や公務員には比較的高収入の方も含まれます。拠出時の「所得控除」の節税メリットは課税所得が高いほど有利。例えば、確定給付型の企業年金のある人の掛金の上限額は年間14万4000円です。かりに所得税率23％の人（課税所得695万円超900万円以下）の人が上限額を拠出した場合、住民税と合わせると、1年でも約4万7520円の節税効果があります。これが10年、20年と続くと大きな

金額になります。

一方、給付時は注意が必要です。退職一時金や一時金で受け取る企業年金の額が大きいと退職所得控除の枠をほとんど使いきってしまい、それを超える分について税負担が発生するケースもあるからです。受け取り方法についてはよく考える必要があります。受け取り時期をずらしたり、年金での長期間の受け取りも選択肢に入れたりするなど、受け取り方を検討することが大切です。

２０２４年12月からｉＤｅＣｏの掛金が「５万５０００円から各月の企業型ＤＣの事業主掛金やＤＢなどの他制度掛金相当額を差し引いた金額」と「月額２万円」の低いほうの金額が掛金の上限に統一されます。事業主掛金がふえて、ｉＤｅＣｏへの拠出可能額が最低額の月額５０００円を下回ると、ｉＤｅＣｏの加入者ではいられなくなります。その場合の対処法については第１章の55ページをご覧ください。ＤＢが手厚い会社に勤めている場合にはつみたてＮＩＳＡの活用を優先し、24年12月まで様子をみるという選択肢もあるでしょう。

⑦国民年金第3号被保険者はよく考えて行動しよう

専業主婦・主夫の場合は所得控除の恩恵がないので、投資信託の積み立てを行うなら、つみたてＮＩＳＡを優先的に利用しましょう。そのうえで余裕があり、「将来働く可能性が高い」「元本確保型ではなく、投資信託で運用したい」なら、ｉＤｅＣｏの利用を検討する、という順番になるでしょう。

国民年金の第3号被保険者は拠出段階での税制メリットはありません。勘違いしている方もいますが、掛金を配偶者の所得から差し引くことはできません。世帯として考えるなら、まずは課税所得の高い人から優先してｉＤｅＣｏを活用しましょう。

加入中は毎月、口座管理手数料がかかりますし、掛金をすべて定期預金に預けても非課税の効果はほとんどありません。むしろ口座管理手数料が差し引かれるため、現在の金利水準が続くとコスト負けしてしまう（口座内のお金は元本割れしてしまう）可能性が高くなります。

ただ、運用中の利益が非課税になるというメリットはありますし、「自分名義の退職金」ができる意義はあります。また、働いていない場合でも、加入期間に応じて、一時金で受け取るときには「退職所得控除額」を差し引くことができます。そのため、受け取り時にほとんど非課税で受け取れる可能性があります。

結局、どうしたらいいの？

将来、国の税制や会社の退職給付制度が変わることもありえます。それに、自分が転職したり、独立したりする可能性もありますし、ライフスタイルが変わるかもしれません。今の時点で受け取り方法を考えて税金を精緻に計算しても正確なところはわかりません。**ここでは最低限のルールを押さえておき、受け取る時期が近づいてきたら最適な方法を改めて検討しましょう。**

ご自身で受け取り方のパターンをいろいろ考えるのが難しいという人は、公的年金や企業年金にくわしいファイナンシャルプランナー（ＦＰ）などに相談してもいいかもしれません。税理士資格を持つＦＰなら税金の相談も可能です。いずれにせよ、一番大切なのはあなたや家族が「どうありたいか」をしっかり考えておくことです。

コラム

公的年金を繰り下げ、私的年金を中継ぎで利用する

第5章ではiDeCoの受け取り方についてみてきました。

受け取りを考える際にまず検討したいのは、公的年金を繰り下げ、その前に企業年金やiDeCoといった私的年金を活用することです。老後所得の水準を一定程度確保するための方策として、2018年10月に開催された日本年金学会の総会・研究発表会シンポジウムでは、企業年金の役割を完投型（上乗せ）から継投型（中継ぎ・セットアップ）へ転換させ、就労長期化（Work longer）・私的年金（Private pensions）・公的年金（Public pensions）の3本柱（WPP）の継投で備えるべきとの提言がなされています（図5－13）。

図5-13 **WPP**(Work longer、Private pensions、Public pensions)

- WPPによる「継投型」を視野に
- どの時点で、何をどのように受け取るかを自分たちが主体的に選択

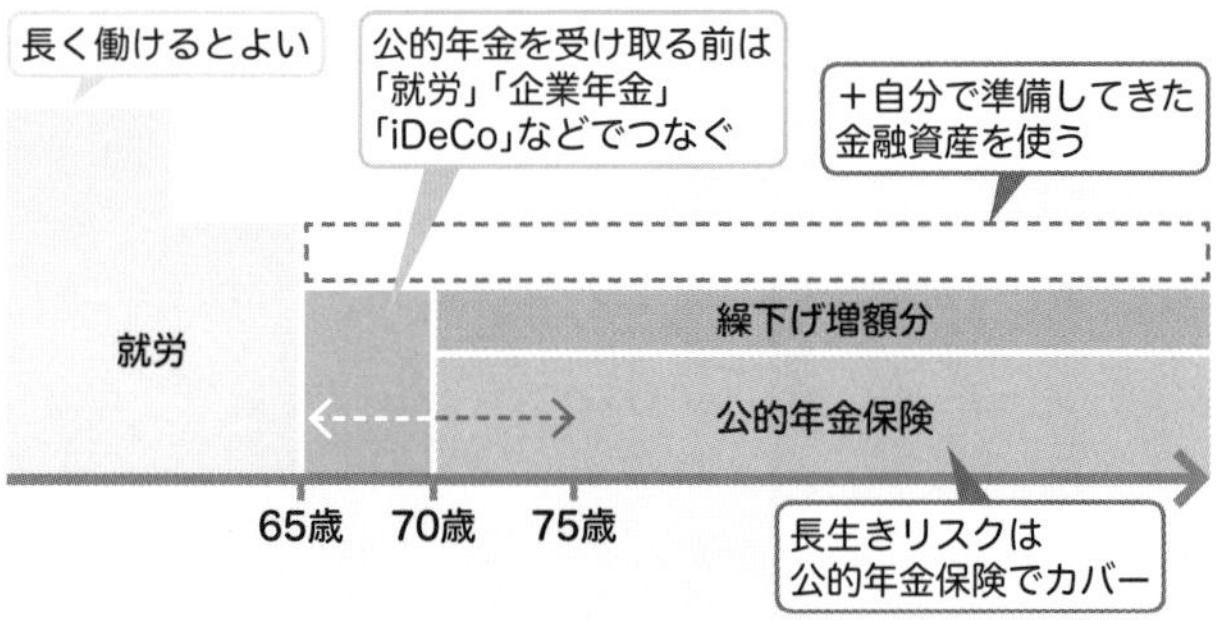
長く働けるとよい
公的年金を受け取る前は「就労」「企業年金」「iDeCo」などでつなぐ
＋自分で準備してきた金融資産を使う
繰下げ増額分
就労
公的年金保険
65歳
70歳
75歳
長生きリスクは公的年金保険でカバー

＊2018年日本年金学会総会・研究発表会「2019年財政検証に向けて」より著者作成

要はリタイアから公的年金を受け取り始めるまでの空白を埋めるために、iDeCoや企業年金といった私的年金を「中継ぎ」的に活用してはどうか、ということです。

ここを充実させることができれば、公的年金を受け取る年齢を遅らせることができます(繰下げ受給)。2022年4月からは75歳まで繰り下げが可能となります(図5-14)。長生きに備える、という観点で考えれば、生きている限り受け取れる公的年金の受取額をふやすのは有効な手段です。さらに、働いて収入を得ることで生活費を確保できれば年金の繰り下げもしやすくなります(必ずしもたくさん稼ぐ必要はありません)。

結婚している場合には世帯で検討しましょう。加給年金(配偶者手当のようなもの)を

図5-14 **公的年金の繰上げ・繰下げ受給の見直し**(2022年4月施行)

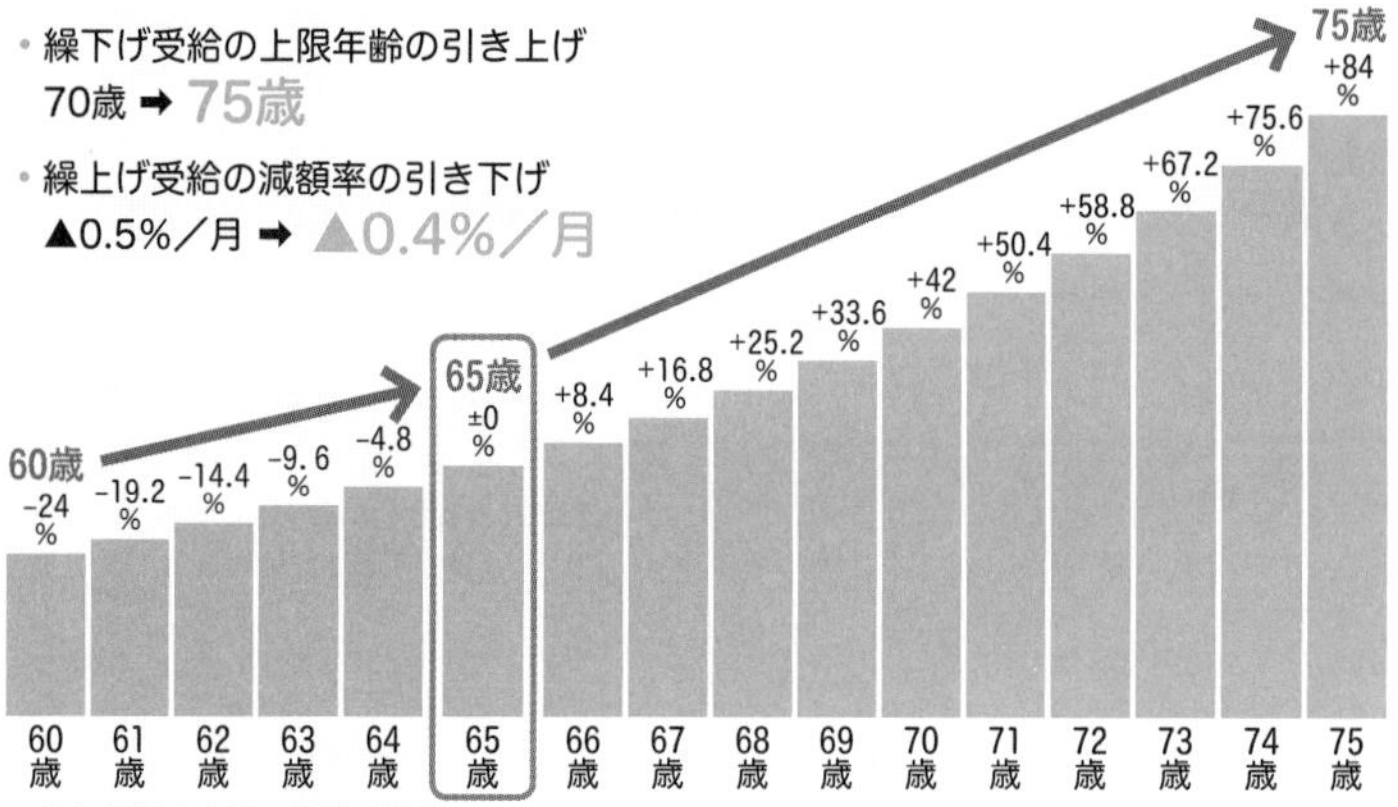

＊各年齢は0カ月の場合の数値

受け取れる場合には基礎年金だけ繰り下げるという選択肢もありますし、女性は現状でも半数が90歳を超えて長生きするので、女性だけ繰り下げるという選択肢もあります。

いずれにしても、一生涯受け取れる公的年金は「長生きに備える保険」です（加えて障害年金・遺族年金の機能もある）。いつまで生きるか誰にもわからない以上、「迷った場合は繰り下げを選んでおくのが長寿時代の重要な選択肢」「資金に困っていなければ繰り下げ状態にしておき、事情が変われば請求すればいい」くらいに考えておくとよいのではないでしょうか。もちろん、実際には計画どおりにいかないこともありますが、公的年金の繰り下げという方法があると知っておくことで、選択肢を広げることができます。

公的年金についてきちんと理解したいという方は以下の本が参考になります。

- 『知らないと損する年金の真実－２０２２年「新年金制度」対応－』（大江英樹著、ワニブックスＰＬＵＳ新書）
- 『ちょっと気になる社会保障　Ｖ３』（権丈善一著、勁草書房）

第6章

iDeCoについてのQ&A

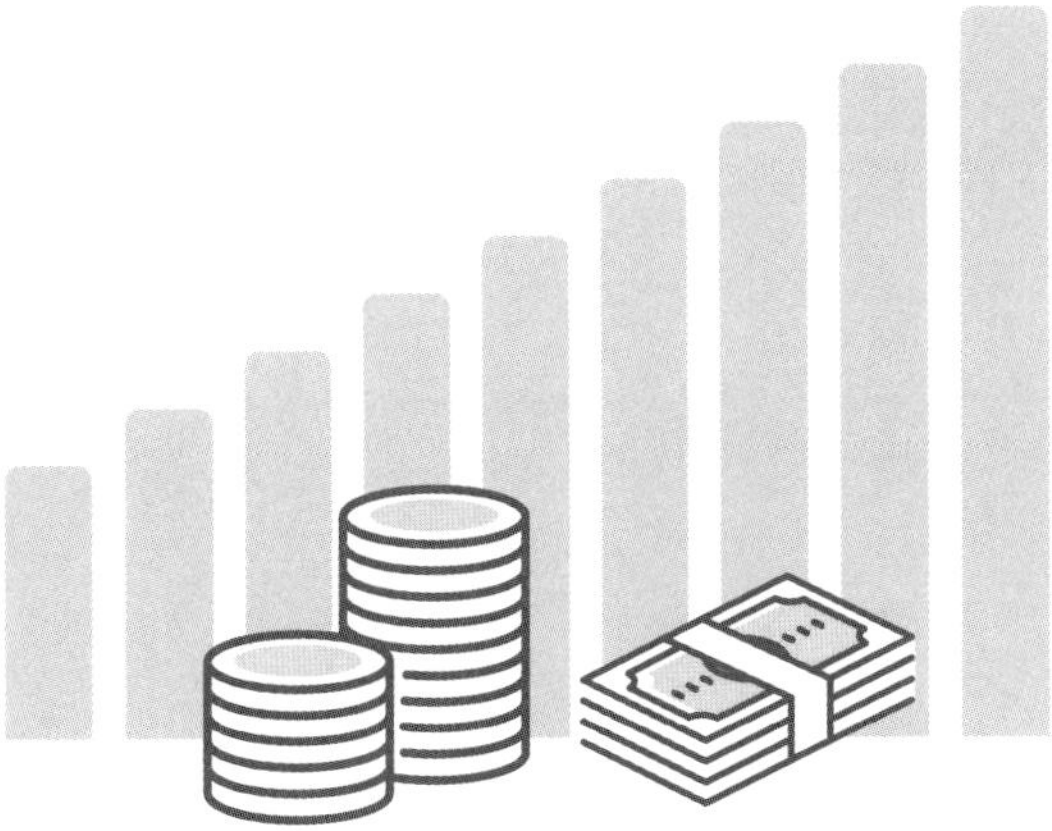

Q1 口座はどのように申し込めばよいですか？

A 申し込みはネットと郵送でできます！

ｉＤｅＣｏの口座をつくるには、自分で金融機関（運営管理機関）に口座を開設する必要があります。ホームページ上から必要事項を入力するか、コールセンター（たいていはフリーダイヤル）に電話をして資料を送付してもらいます。一部の金融機関では店舗で資料を配布したり、加入の説明をしたりしてくれるところもあります。

複数の金融機関から資料を取り寄せることはできますが、最終的には1社に絞って申し込みを行う必要があります。

資料が送付されたら、記載内容を確認して、必要書類を送付すると、ｉＤｅＣｏに加入し、指定した銀行口座から掛金が引き落とされて指定した商品を買い付けていきます。国民年金の第1号被保険者（自営業やフリーランスの方など）や第3号被保険者の方はこれでＯＫです。自分の銀行口座から毎月26日に自動的に掛金が引き落とされて選択した金融商品を購入していきます。

会社員や公務員の場合、もうひとつ行うことがあります。それは、「事業所登録申請書兼第2号加入者に係る事業主の証明書」という書類を会社に提出して記入・押印をしてもらい、それを同封することです。オンラインで申し込み手続きができる金融機関もありますが、その場合でも事業主の証明書は添付する必要があります。少々面倒だと感じるかもしれませんが、人事部や総務部などの人に頼んでください。法令上も、会社の協力義務が定められているので、きちんと対応してくれるはずです。なお、この事業主の証明書は2024年12月から廃止される予定です。

また、会社員の場合、掛金を、

- 給与天引きで会社から納付してもらう（事業主払込）
- 自分の銀行口座から引き落としてもらう（個人払込）

という2つの方法があります。現状では給与天引きにしている会社は少ないようです。自分の銀行口座からの引き落としにする場合、申込書の「掛金の納付方法」で「個人払込」を選び、口座を指定した「口座振替依頼書」を添付し提出しましょう。

Q2 どんな手続きをすれば税金が安くなるの？

A 年末調整か確定申告をすれば払った所得税が戻ってきます

会社員・公務員で、自分の銀行口座から口座振替（個人払込）をしている場合には、国民年金基金連合会から毎年10～11月頃に「小規模企業共済等掛金払込証明書」（控除証明書）が届くので、年末調整のときに証明書を会社に提出しましょう。* ご自身で還付申告をしてもよいです。給与天引きで会社から納付してもらう形にしている人は自動的に会社が手続きをしてくれます。そのため、証明書は発行されませんし、自分でなにか手続きを行う必要もありません。

国民年金の第1号被保険者（自営業やフリーランスの方など）は確定申告を行うときに支払った掛金を記載しましょう。「所得控除」のところに「小規模企業共済等掛金控除」を記入する欄がありますから、その年に支払った掛金額を書き込んで、国民年金基金連合会から届く掛金払込証明書を添付すればOKです。

＊9月末までの払い込みを前提に発行されるため、10月に初回払い込みを行う場合には証明書は12月に発行されます。初回払い込みが11月なら証明書の発行は翌年1月、初回払い込みが12月なら翌年2月になります。

図6-1 必要書類に記入して税金を安くする

●年末調整する場合

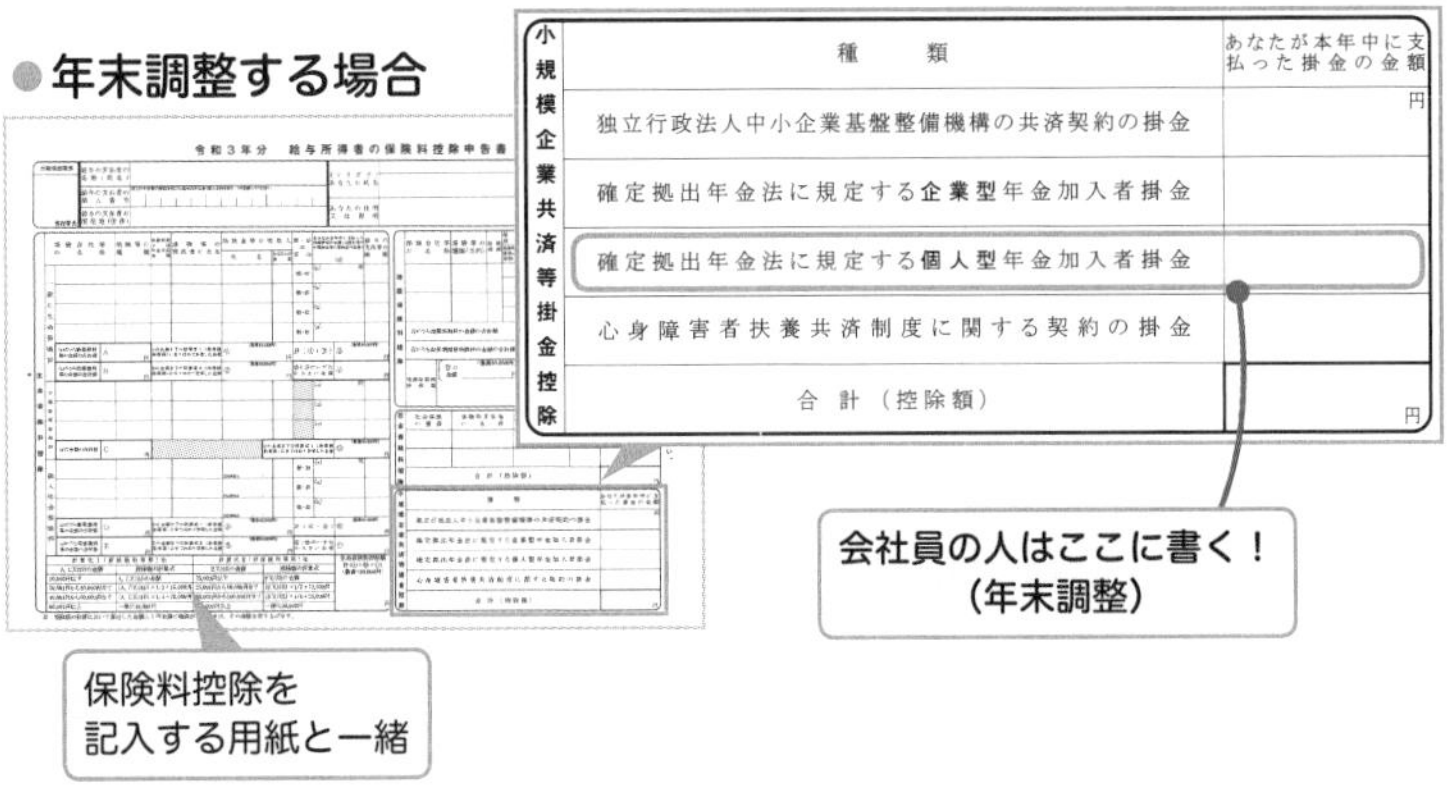
令和３年分 給与所得者の保険料控除申告書
小規模企業共済等掛金控除
種類
あなたが本年中に支払った掛金の金額
独立行政法人中小企業基盤整備機構の共済契約の掛金
確定拠出年金法に規定する企業型年金加入者掛金
確定拠出年金法に規定する個人型年金加入者掛金
心身障害者扶養共済制度に関する契約の掛金
合計（控除額）
円
会社員の人はここに書く！
（年末調整）
保険料控除を
記入する用紙と一緒

●確定申告する場合

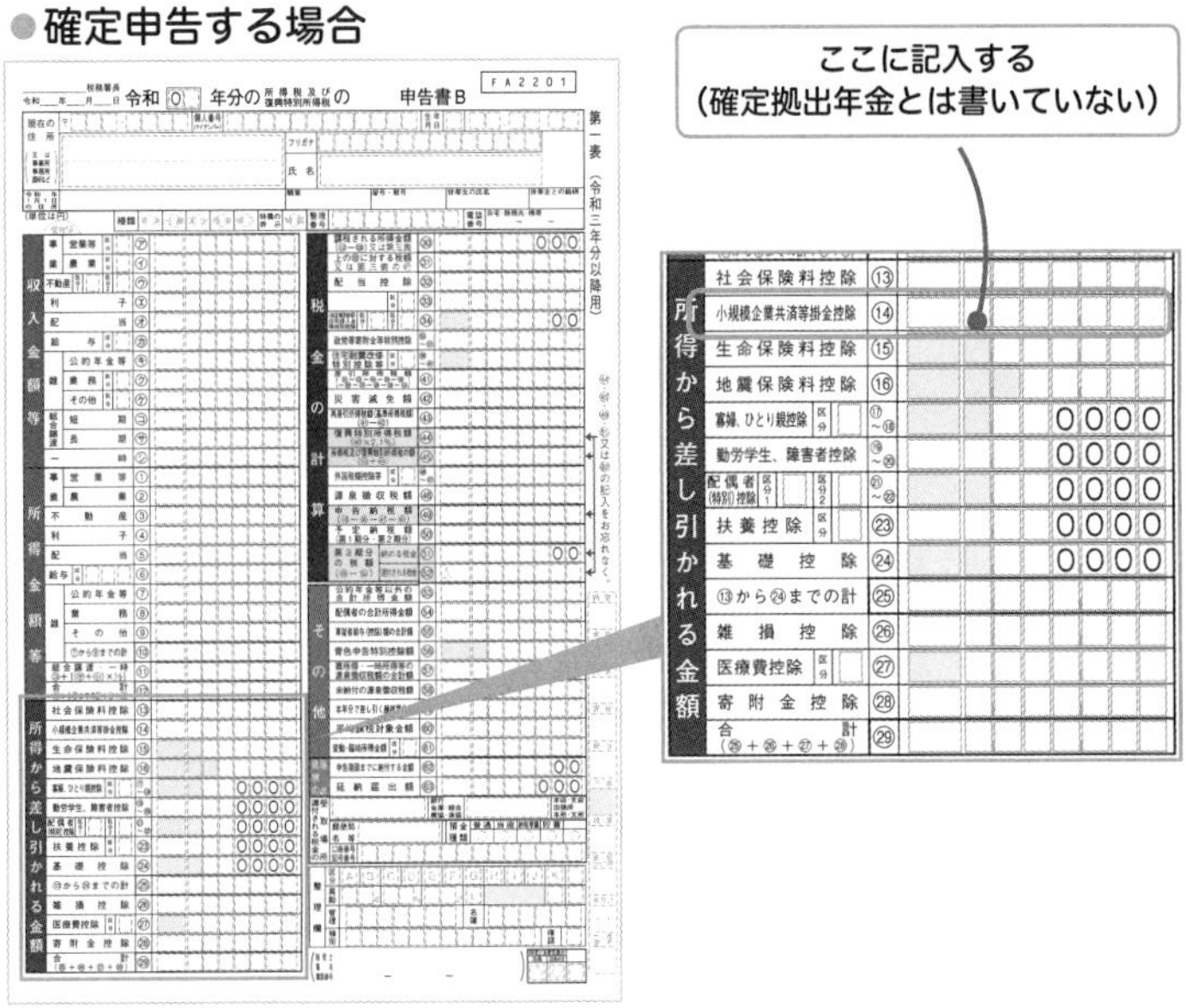
令和 年分の所得税及び復興特別所得税の 申告書B
FA2201
ここに記入する
（確定拠出年金とは書いていない）
所得から差し引かれる金額
社会保険料控除 ⑬
小規模企業共済等掛金控除 ⑭
生命保険料控除 ⑮
地震保険料控除 ⑯
寡婦、ひとり親控除 ⑰〜⑱
勤労学生、障害者控除 ⑲〜⑳
配偶者（特別）控除 ㉑〜㉒
扶養控除 ㉓
基礎控除 ㉔
⑬から㉔までの計 ㉕
雑損控除 ㉖
医療費控除 ㉗
寄附金控除 ㉘
合計（㉕＋㉖＋㉗＋㉘） ㉙

Q3 金融機関（運営管理機関）をあとから変更できますか？

A 変更はできますが、一度現金化されてしまいます

一度申し込んだ金融機関（運営管理機関）をあとから変更できます。その場合、変更先の新しい金融機関に「加入者等運営管理機関変更届」を提出すればよく、口座のある金融機関に対して連絡をしたり、書類を出したりする必要はありません。

ただし、新しい金融機関に資産を移す過程で、投資信託や定期預金などで運用している資産は現金化されます。預金はともかく、投資信託など値動きのあるものや、中途解約した場合の保険などは時期によっては元本割れしてしまうことも。移換には時間がかかり、いつの時点で現金化されるか明確ではないので、投資信託で運用している場合は移換の手続きをとる前に、投資信託を解約して定期預金に預けるといった預け替えをしておくと安心です。

また、SBI証券や楽天証券、マネックス証券、大和証券などのように、他の運営管理機関や企業型DCに移換するときに手数料がかかる金融機関もあります。

Q4 企業型DCに加入していましたが、運用してきたお金はどうなりますか？

A 6カ月以内に必ずiDeCoに移換しよう！自動移換されるとデメリットがいっぱい

企業型DCに加入していた人が離転職する場合、選択肢は3つあります（図6−2）。

ひとつ目は転職先の会社に企業型DCがある場合で、転職先の企業型DCにこれまで運用してきた資産を移します。会社の担当部署の方にいえば、必要な手続きを教えてくれます。

2つ目は転職先に企業型DCがない場合です。この場合、iDeCoの金融機関（運営管理機関）に口座を開設して資産を移換します。企業型DCで運用してきた資産は原則60歳よりも前に引き出せないため、資産をiDeCoに移す必要があります。

よく、「企業型DCで入っていた金融機関と同じところを選ばなくてはならないのではないか」とか、「同じ金融機関を選べば、同じ商品をそのまま運用できてラクなの

図6-2 企業型DCの資産を移せる先は3つ

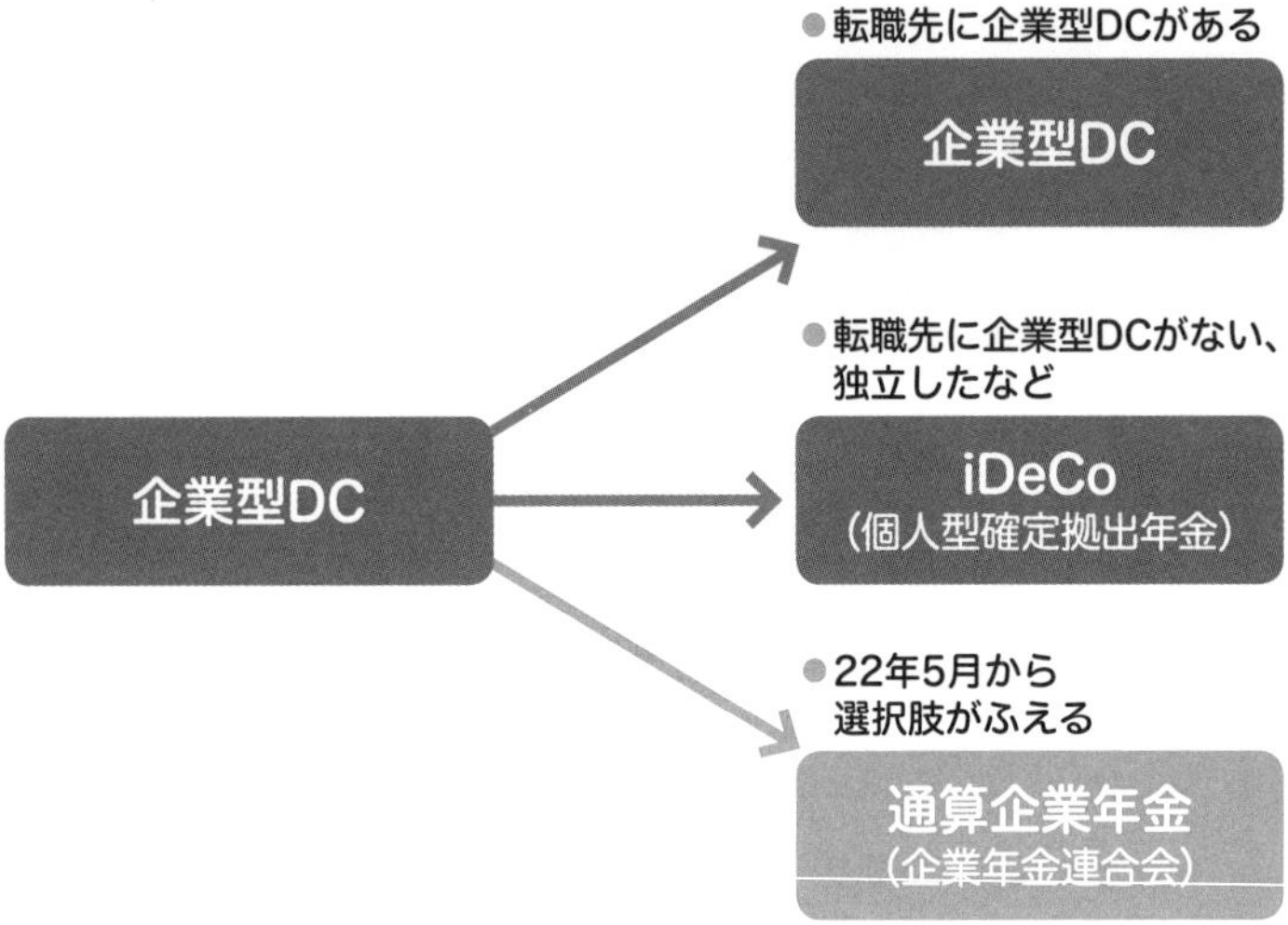

ではないか」と思っている方も多いのですが、そんなことはありません。同じ金融機関を選んでも、企業型とｉＤｅＣｏでは取り扱う商品やサービスは異なりますし、移換する際に現金化されます。加えて、企業型ＤＣでは会社（事業主）が負担してくれていた口座管理手数料も、自分たちが負担することになります。ｉＤｅＣｏに移換するときは、第４章の金融機関選びのポイントをしっかりお読みください。

注意点としては、６カ月以内にｉＤｅＣｏに移換する手続きをとらずに放置した場合、運用してきた資産は現金化されて、国民年金基金連合会に移されてしまいます。これを「自動移換」といいますが、さまざまなデメリットがあります（図6－3）。

まず、現金化されてしまうので運用ができず、資産をふやすことができません。そのうえ、自動移換の際には4348円（特定運営管理機関[*1]に3300円、国民年金基金連合会に1048円）の手数料がかかり、自動移換4カ月経過後から毎月52円（年間624円[*2]）の管理手数料が資産から差し引かれます。

自動移換の状態である期間は、確定拠出年金の加入者等期間としてカウントされないため、受け取り開始の時期が60歳よりも遅くなる可能性があります。また、国民年金基金連合会に自動移換された状態では最終的に資産を引き出すことができません。給付に際しては、結局、iDeCoに資産を移換しなくてはならないのです。

*1 自動移換となった場合、持ち分である資産は国民年金基金連合会に移換されますが、自動移換対象者の記録を管理する業務等を行う運営管理機関のことを特定運営管理機関といい、日本インベスター・ソリューション・アンド・テクノロジー（J－S&T）が担っています。

*2 自動移換されてから4カ月経過すると手数料が発生。年1回3月末にまとめて年金資産から差し引かれます。

そして3つ目です。22年5月からは企業型DCの資産を移換できる先として、通算企業年金が加わります。

通算企業年金とは、企業年金連合会が退職者等向けに運用する年金のひとつです。例えば、企業型DCで積み上がった資産を企業年金連合会に移管し、事務経費を差し引いたあと、移換時の年齢に応じた予定利率0・5%〜1・5%（22年5月からは0・25%〜1・25%）で運用してくれます。ですから、自分では運用しません。原則、65歳から受け取り、一生涯年金を受け取ることができます。80歳までの保証期間付きなので、その間に死亡した場合には死亡一時金を受け取ることもできます。

50代後半でiDeCoに移換しても新たな掛金を払って運用する予定がない、あるいは終身で受け取りたいという場合には、選択肢として考えていいでしょう。ただし、事務経費などがかかるため、企業年金連合会の「年金試算シミュレーション」などを活用し、受取額を試算したうえで検討してください。

図6-3 企業型DCの年金資産が自動移換される流れ

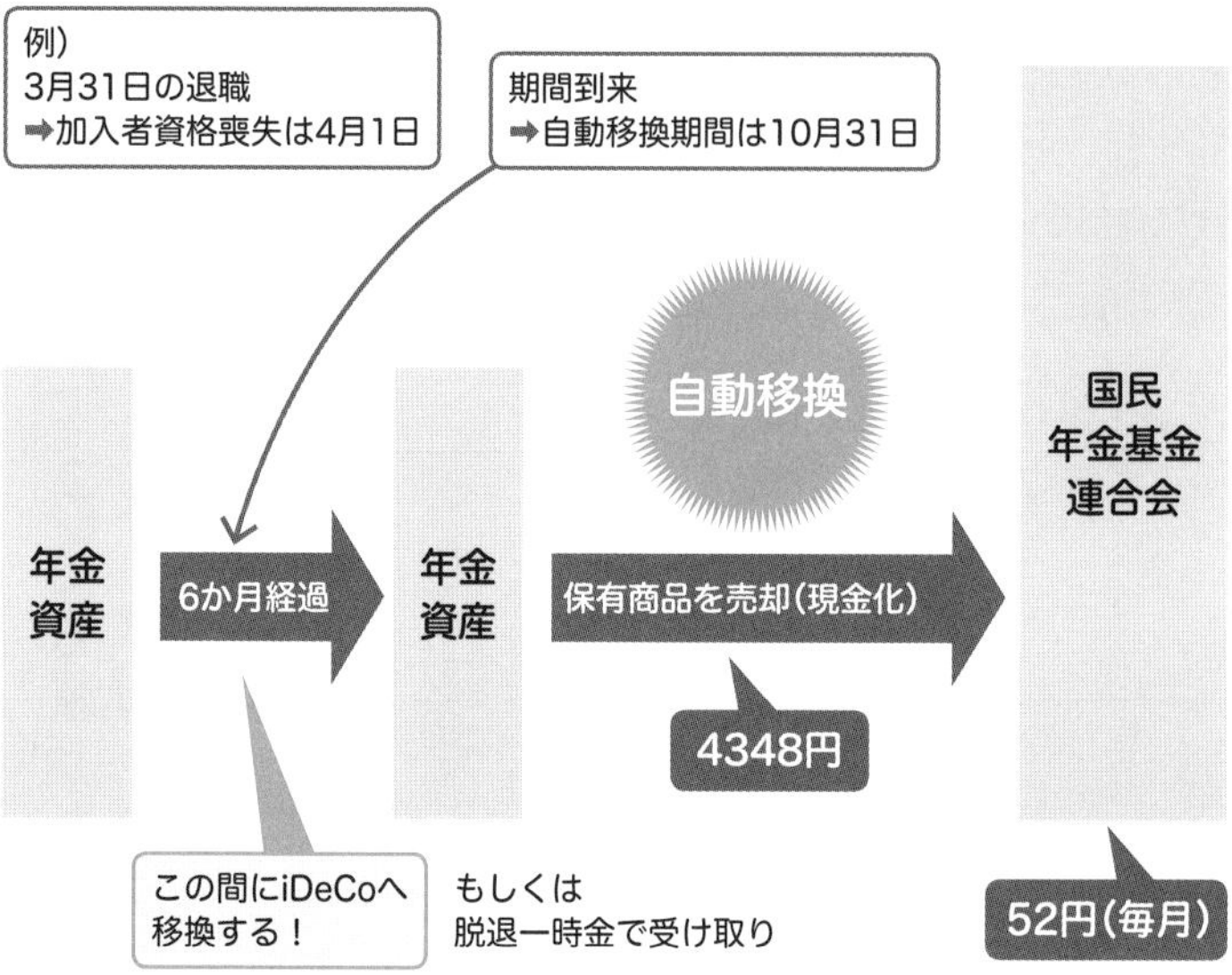

● 年金資産が自動移換された場合のデメリット

- 自動移換された資産は現金のまま。運用はできない
- 手数料が差し引かれる
  自動移換されたとき：4348円
  4カ月経過後から：毎月52円
  自動移換された資産をiDeCoや企業型DCに移すとき：1100円
- 確定拠出年金（iDeCoや企業型DC）における加入期間とみなされず、60歳になっても年金資産として受け取れない可能性がある

Q5 「自動移換」されてしまった資産があります。もうiDeCoには加入できないのでしょうか？

A 金融機関（運営管理機関）に必要書類を提出すれば加入できます

国民年金基金連合会に資産を自動移換されてしまったあとでも、iDeCoに加入できます。資産を移したい金融機関を選択して資料を請求しましょう。わからない場合にはコールセンターに電話し、必要書類を取り寄せます。そして、「個人別管理資産移換依頼書」や「加入申出書」などの書類を提出すればOKです。

自動移換された資産を、iDeCoに移すには1100円の移換手数料がかかります＊。これに資産を移した先の運営管理機関に支払う手数料が上乗せされる場合もあります。こうした手数料は必要ですが、自動移換されてしまった人は、なるべく早く手続きをしてiDeCoに加入し、掛金を払って運用することをおすすめします。

- 自動移換者専用コールセンター03−5958−3736（平日9時～17時30分）

＊企業型DCやDBに移すことも可能で、同様の手数料がかかる

Q6 還付って何ですか？

A 国民年金保険料を払わない月は、iDeCoの掛金は戻されて手数料もとられます

自営業者は収入減で国民年金保険料の免除申請をすることもあるかもしれません。あるいは会社を辞めて、次の転職先が決まるまで、役所で免除の申請をすすめられるケースもあるようです。

iDeCoでは国民年金保険料を納めない月は掛金を払うことができません。免除期間中は加入者から運用指図者となり、積み上げてきた資産の運用だけを行い、そのため、国民年金保険料の免除期間や未納期間に支払ったiDeCoの掛金はみなさんに返されます。これを還付といいます。1回の還付につき、1488円（高いところでは2148円）の手数料がとられます。国民年金保険料の免除を申請するときには、iDeCoの掛金を休止する手続きも忘れずに行いましょう。なお、障害基礎年金を受給中で、国民年金保険料を納付していない方はiDeCoに加入できます。

Q7 iDeCoにかかわる機関が破たんしたらどうなるの？

A いずれが破たんしても資産は守られます

iDeCoにかかわる各金融機関が破たんした場合の対応は次のとおりです。

①運営管理機関（銀行、証券会社など）

破たんを理由に資産が削減されることはありません。ただし、新しい運営管理機関に移換することになるため、これまで運用してきた資産は一度、現金化されます。

②事務委託先金融機関（信託銀行）

破たんを理由に個人の資産が削減されることはありません。新しい事務委託先金融機関に引き継ぐことになります。

③商品提供機関

銀行が破たんしたら

定期預金を預けている銀行が経営破たんし、ペイオフの対象となった場合、預金保険機構という公的な機関によって、ひとつの金融機関当たり元本1000万円とその利息までは全額保護されます。この場合、企業型DCに預けている預金だけではなく、iDeCo以外のその銀行に預けている預金なども合算されます。もし元本の合計が1000万円を超える場合には、保証はiDeCo以外の預金が優先されます。

保険会社が破たんしたら

商品を提供している保険会社が破たんした場合、生命保険契約者保護機構または損害保険契約者保護機構によって、原則として責任準備金または解約返戻金の90%まで保証されます。

投資信託を運用する会社（投資信託委託会社）が破たんしたら

加入者から預かった信託財産を運用会社や信託銀行の財産とは分別して管理・保全しているので、投資信託の運用会社や信託銀行が破たんしても資産には影響は及びません。

Q8 スイッチングで投資信託を解約しようとしたら、「口数」がでてきたのですが……

A 解約したい金額と基準価額がわかれば計算できます

投資信託を解約する際、金額ではなく、「口数」を入力する金融機関もあります。その場合、どのように口数を計算すればよいのでしょうか？

解約する口数を出すには「解約したい金額」を保有する投資信託の「基準価額」で割り、最後に1万を掛けます（1万口当たり○円と表示されている場合）。

例えば、投資信託を10万円分解約したい場合、投資信託の基準価額が1万口当たり8000円のときには「10万円÷8000円×1万」＝12万5000口を解約することになります。一方、基準価額が1万口当たり1万2500円であれば、解約口数は8万口になります（10万円÷1万2500×1万）。

ただし、解約の注文を出す時点では解約時の基準価額はわかりません。ですから、計算で出した口数はあくまでも概算ということになります。

Q9 掛金を5000円にすると、投資信託は1本しか選べないのですか？

A iDeCoでは1円以上1円単位で投資信託が買えます

掛金が5000円や1万円だと、投資信託はひとつしか選べないと思っている方もいますが、そんなことはありません。

というのも、iDeCoや企業型DCでは投資信託は1円以上1円単位の買い付けができるシステムになっているからです。例えば、毎月の掛金が5000円の場合でも、「商品A50%」「商品B30%」「商品C20%」というように指定すると、商品Aを2500円、商品Bを1500円、商品Cを1000円分、それぞれ購入できます。このケースでは3つの投資信託を購入する設定ですが、これよりたくさんの商品に分散することも可能です（無理にたくさんの商品に分散する必要はありませんが……）。

保有する投資信託を解約して、他の商品を買い付けるスイッチングを行うときには口数で解約指定を行いますが（Q8参照）、この場合も、1口から解約できます。

おわりに——継続こそ力なり

最後までお読みいただき、ありがとうございました。

日本で2001年10月に確定拠出年金制度（DC）が導入されてから20年が経ちました。制度がスタートした当初は批判的な声もありましたが、企業型DCとiDeCoを合わせると加入者は100万人に迫り、利用する人は着実にふえています。

フィデリティ・インスティテュートがDC制度施行20周年に合わせて実施した「確定拠出年金1万2000人意識調査」（うちDC加入者は約3000人）によると、4割の人が「運用はうまくいっている」と回答しており、「運用はうまくいっていない」と回答した人はわずか1割でした。しかも、投資信託で運用している人は、元本確保型商品で運用している人と比べて「運用がうまくいっている」と回答した割合が約2倍多くなっています。この20年、リーマン・ショックなどもありましたが、長期的にみれば株価も順調に上昇したため、一定のリスクをとった人が報われたといえるでしょう。

私も2006年11月からiDeCoに加入し、毎月、淡々と投資信託の積み立てを続けています。15年が経ち、掛金が積み上がり、そこに運用益が上乗せされてそれなりに資産もふえました。退職金のない身としては続けてきてよかったと思います。長期投資や積み立て投資は、後から振り返って「続けてきてよかったな」と気づくものなのかもしれません。

一方で課題もあります。前述の調査では制度やしくみが「わからない・知らない」と回答する人が少なくないことです。企業型DCでは約4割の人が事業主掛金の額を知らず、5割の人が転職するときの移換について理解していません。結局、しくみが複雑なことがDC制度の普及を妨げる要因になっている、ともいえます。今回の改正で加入できる年齢がのび、受け取り方の選択肢が広がり、さらに企業型DC加入者は原則iDeCoに加入できるようになります。転職や独立、二拠点生活などライフスタイルの多様化を踏まえ、制度はよりシンプルに、加入や移換時の手続きもカンタンに、早く、デジタル化なども進めてほしいと思います。

とはいえ、せっかくある制度です。とくに国民年金の第1号被保険者の方や企業年金のない会社員の方にはぜひiDeCoを知って活用していただきたいと思います。本書はiDeCoについて解説した本ですが、制度を知ったうえで「加入しない」「つみたてＮＩＳＡを優先的に使おう」という選択もあっていいでしょう。要は、平均値やモデルではなく、「自分はどうなのだろう」と調べて行動することが大切です。

本書をきっかけに、いま一度「自分にとって満ち足りた（心落ち着ける）生活とはどういうものなのか」「将来、どこで、どんな人たちと、どんなふうに暮らしていきたいのか」をぜひ考えてみてください。今の自分が「未来の」自分をつくる——そう思って、日々を大切に生きたいものです。

最後に謝辞を。本書の執筆にあたっては、ダイヤモンド社書籍編集局第三編集部の武井康一郎さんに大変お世話になりました。初版を一緒につくってくれた同社の木村香代さんにも改めて感謝申し上げます。また、税理士の江黒清史さんには多大なお力添えをいただきました。この場を借りて御礼申し上げます。

本書が、みなさまの資産形成に少しでも役立つことを願っています。

２０２１年12月

竹川 美奈子

重要事項(ディスクレイマー)

- 本書に含まれる情報に関しては、筆者が信頼できると判断した情報をもとに作成したものですが、その内容および正確性、完全性、有用性について保証するものではありません。また、本書に記載された内容は2021年9月末時点において作成されたものであり、法律や制度、商品内容等は予告なく変更される場合があります。
- 本書における情報は情報提供を目的としたものであり、個別の商品の詳細については各金融機関にお問い合わせください。
- 情報の利用の結果として何らかの損害が発生した場合、著者および出版社は理由のいかんを問わず、責任を負いません。投資対象および商品の選択など、投資にかかる最終決定はご自身の判断でなさるようお願い致します。

●図3－10 (P119)、図3－11 (P121)について

- 当資料はイボットソン・アソシエイツ・ジャパン株式会社(以下「イボットソン」)の著作物です。イボットソンの事前の書面による承諾なしの利用、複製等は、全体一部分を問わず、損害賠償、著作権法の罰則の対象となります。
- 当資料は、投資助言ではなく、情報提供のみを目的としたものです。いかなる投資の推奨・勧誘を行う、あるいは示唆するものではありません。
- 当資料に運用実績を表示している場合は、過去の実績又はシミュレーションによるものであり、将来の運用成果の獲得を示唆あるいは保証するものではありません。資料上に図表等で、将来時点に関する計算結果や数値を例示している場合は、仮想的な特定の条件のもとでの計算結果や数値の例示を目的としています。当資料に記載されている情報、データ、分析、レポート、意見は、当資料作成時点のものであり、将来予告なしに変更する場合もあります。
- 当資料に掲載している情報は、イボットソンが信頼できると判断した資料に基づいていますが、その情報の正確性、完全性、適時性、及び将来の市況の変動等を保証するものではありません。
- イボットソンは、法律により定められている場合を除き、本レポートの情報、データ、分析、意見を利用して行ったいかなる投資の判断、損失、損害に責任は負いません。
- 当資料にある指数はそれ自体運用商品ではなく、直接投資することはできません。過去のパフォーマンスは将来のリターンを保証するものではありません。

[**著者**]

竹川美奈子（たけかわ・みなこ）

LIFE MAP, LLC代表／ファイナンシャル・ジャーナリスト。
出版社や新聞社勤務などを経て独立。2000年FP資格を取得。取材・執筆活動を行うほか、投資信託やiDeCo（個人型確定拠出年金）、マネープランセミナーなどの講師も務める。「一億人の投信大賞」選定メンバー、「コツコツ投資家がコツコツ集まる夕べ（東京）」幹事などを務め、投資のすそ野を広げる活動に取り組んでいる。『こんなときどうする? どうなる? Q&A 3つのNISA 徹底活用術』（日本経済新聞出版）、『新・投資信託にだまされるな！』『改訂版 一番やさしい！ 一番くわしい！ はじめての「投資信託」入門』（以上、ダイヤモンド社）ほか著書多数。

WEBサイト　https://lifemapllc.com/

[改訂新版] 一番やさしい！ 一番くわしい！

個人型確定拠出年金iDeCo《イデコ》活用入門

2021年12月７日　第１刷発行

著　者——竹川美奈子
発行所——ダイヤモンド社
〒150-8409　東京都渋谷区神宮前6-12-17
https://www.diamond.co.jp/
電話／03･5778･7233（編集）　03･5778･7240（販売）
装丁———萩原弦一郎（256）
イラスト——宗誠二郎、門川洋子
本文・DTP—大谷昌稔
製作進行——ダイヤモンド・グラフィック社
印刷・製本 —三松堂
編集担当——武井康一郎

ISBN 978-4-478-11486-5